# *Allegro con gusto*

CEDRIC DUMONT

# Allegro con gusto

## REZEPTE UND GESCHICHTEN AUS MUSIKERKÜCHEN

HALLWAG VERLAG
BERN UND STUTTGART

## Abkürzungen

| | |
|---|---|
| Bd. | Bund |
| cm | Zentimeter |
| dl | Deziliter |
| EL | Eßlöffel |
| g | Gramm |
| gestr. | gestrichen |
| kg | Kilogramm |
| l | Liter |
| mm | Millimeter |
| Msp. | Messerspitze |
| TL | Teelöffel |

## Ausführungspraxis

Aufführungspraxis heißt in der Musik die Art, Tonstücke zu interpretieren. Die Ausführungspraxis soll Hilfen geben bei der Interpretation der Rezepte.
Alle Rezepte sind, wenn nicht anders vermerkt, für vier Personen berechnet.

Umschlag und Gestaltung:
Robert Buchmüller
Die Illustrationen stammen aus dem Archiv des Autors.

Gesamtherstellung:
Hallwag AG, Bern
ISBN 3 444 103018

# Programm

# Intrada

## Vorwort

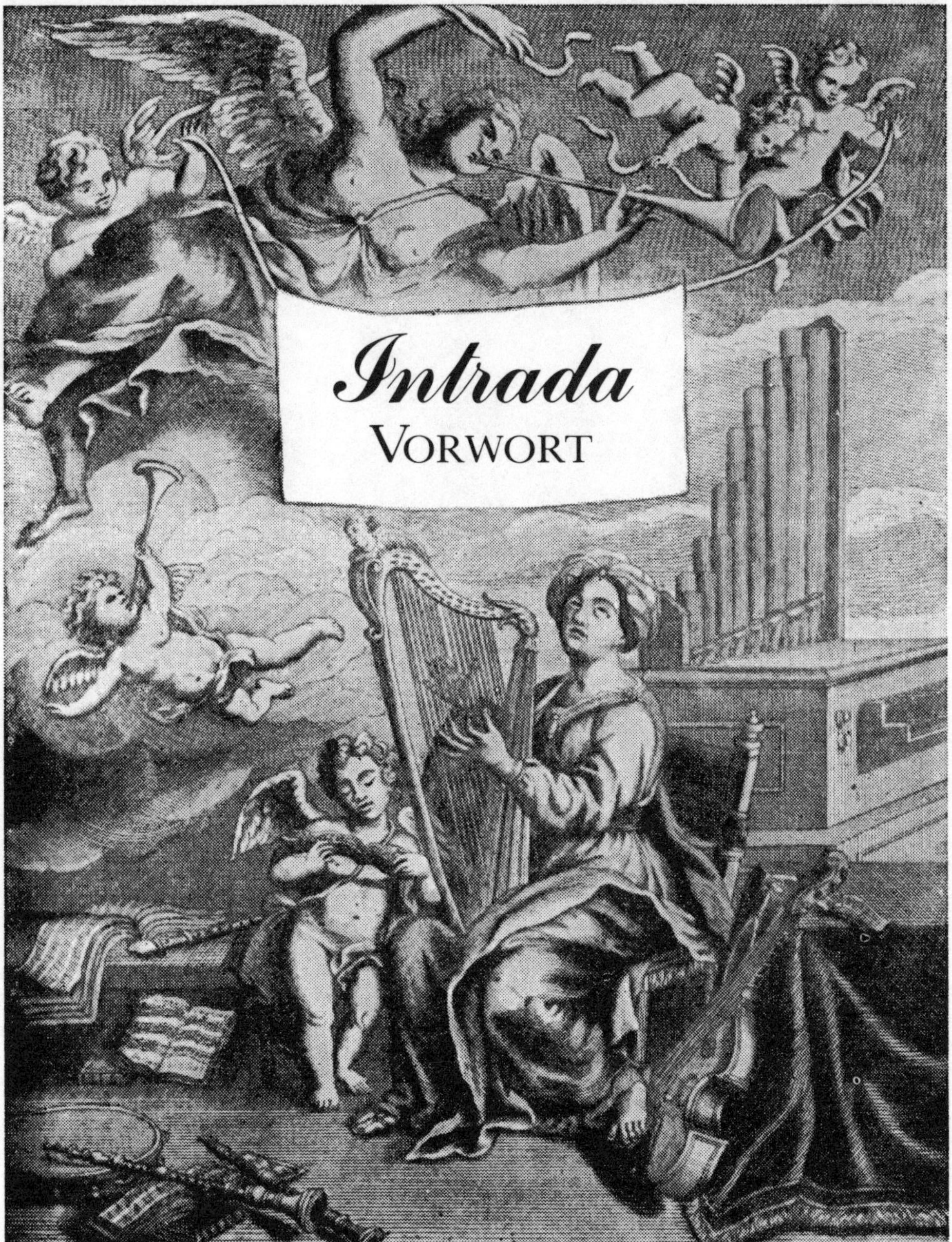

«Ach je — schon wieder ein Kochbuch?!» höre ich den Leser seufzen. Und es ist wahr, von zehn, die sich aufs Kochen verstehen, schreiben heute neun darüber. Was mir trotzdem im Sinn und auf der Zunge lag, nach einem «Allegro con gusto» Appetit machte, war die Verknüpfung der zwei Themen Musik und Kulinarik zu einer leckeren Variationenreihe in vielen Tonarten.

Wobei zu bemerken wäre, daß es nicht immer leicht war herauszufinden, inwieweit ein überliefertes Rezept wirklich aus einer Musikerküche kommt, auch wenn es danach klingt. Eine «Sauce Godard» etwa hat ihren Namen sowenig vom Komponisten Benjamin Godard — «Godard» hieß im Französischen einst der Gut- und Feinschmecker — wie ein Lammkotelett «à l'Arlésienne» den seinen nach der gleichlautenden Suite von Georges Bizet. Daneben aber gibt es manche Rezepte, die von Musikern entweder selbst komponiert und gern gegessen oder dann nach ihnen benannt wurden. Einige davon habe ich in dieses Buch aufgenommen, nach Noten gespickt und gewürzt mit Geschichte, Geschichten und Anekdoten.

Die Tonkunst und die Kochkunst haben nämlich einiges gemeinsam: beide sind die Gabe, Zutaten, seien es Töne, seien es Nahrungsmittel, harmonisch und nach eignen

Gesetzen zusammenzufügen. Dazu gehören Talent, Handwerk und Fleiß. Auch das Kochen kommt von Können (bei den Genies von Müssen), und Feinschmeckerei will gelernt sein wie das Klavierspielen.

Hier möchte ich mit einem verbreiteten Irrtum aufräumen: Viele machen einen Unterschied zwischen dem «Gourmand», der bloß ein Vielesser sei, und dem «Gourmet», dem wahren Feinschmecker. Dabei war ursprünglich der Gourmet ein Weinschenk, der Gourmand dagegen wußte die Gourmandises, die Leckerbissen, zu schätzen.

Aber lassen wir die Wortklauberei, genießen wir die ungemischten Freuden guter Musik und guten Essens. Wieder eine Parallele: Wie es nämlich meiner Meinung nach müßig ist, zwischen ernster und leichter Musik zu differenzieren, die doch beide ihren Platz und ihre Aufgabe haben, so sollte man nicht die nouvelle gegen die klassische Cuisine ausspielen. Frischeste Zutaten, kürzere Kochzeiten, leichte Saucen haben gewiß ihre Berechtigung über die Tagesmode hinaus (und sind so neu auch wieder nicht). Kocht man sie aber zu manirierten, nichts als spektakulären Kompositionen auf, wird aus Gemüse Babykost und aus Fisch oder Fleisch flaues Mus, hat das weniger mit Geschmack zu tun als mit anmaßendem Snobismus.

Deshalb habe ich mir in diesem Buch — wie in meiner Musikerlaufbahn auch — vorgenommen, nicht so sehr zwischen alt und neu zu unterscheiden als zwischen gut und schlecht. So oder so war es in Anbetracht des Alters und der Herkunft manchen Rezepts unumgänglich, das eine und andere für den heutigen Gebrauch zu überarbeiten, zu «arrangieren», wie der Musiker sagen würde. Eine große Hilfe war mir dabei die bekannte Schweizer Gastronomin Marianne Kaltenbach. Sie hat mitgedacht, mitprobiert, mitgekocht und damit, stellvertretend für manche Könnerin am Herd, gleich zwei Gemeinplätze widerlegt: daß Frauen in der Küche weniger Phantasie haben als Männer und daß Kochvedetten ihre Geheimnisse eifersüchtig hüten. Auch hier gilt wie bei großen Künstlern, daß wahre Meister Konkurrenz nicht fürchten.

«Et inferes» heißt es nach einem jeden Rezept des römischen Schlemmers Marcus Gavius Apicius im ältesten überlieferten Kochbuch, «und nun trag es hinein». So sei denn, was ich angerichtet habe, dem geneigten Leser, Gourmand und Gourmet mit allem Respekt vor den Meistern der Notenfeder und des Kochlöffels an Herz und Magen gelegt.

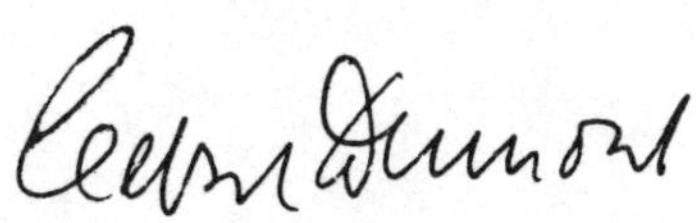

# *Preludio misto*
## VORSPEISEN

Vor das Essen haben die Götter den Appetit gesetzt, jene Vorfreude auf der Zungenspitze, die allein schon ein Genuß ist. Und für das, was man, ihn zu wecken, ißt, bevor man ißt, haben die Franzosen so hübsche Namen wie «Amuse-gueule» oder «Hors-d'œuvre», die mit «Appetithäppchen» und «Vorspeise» nur notdürftig und plump übersetzt sind. Es bereitet Gaumen und Magen des Feinschmeckers auf kommende Freuden vor wie das Einstimmen der Instrumente den Konzertgänger.

Wer sich nun wundert, daß ausgerechnet ein Engländer unsern musikalisch-kulinarischen Reigen eröffnet, der hat noch nie zwischen zwei Opernakten in Abendkleid und Dinner Jacket auf dem grünen Rasen vor dem Herren- und Festspielhaus Glyndebourne gepicknickt, noch nie nach einem Konzert in der Royal Festival Hall in einem der viktorianischen Restaurants ringsherum soupiert. Er wüßte sonst, daß der Engländer von Lebenskunst mehr versteht als bloß Tee trinken und Schlange stehen.

So gebe denn der englische Dirigent *Sir Adrian Boult* den Auftakt zum «Allegro con gusto». Jahrelang Musikdirektor (den Titel «Generalmusikdirektor» überlassen die Engländer martialischeren Nationen) der BBC und Chefdirigent des Royal Festival Orchestra, war er ein Gentleman des Taktstocks, der sich überzeugt und überzeugend für seine Landsleute Elgar, Holst, Vaughan Williams einsetzt, ein Musiker, saftig und solide wie Händel und Roastbeef und — sein Käsesoufflé, das zwei Klassiker der Küche, Eier und Käse, zu einem appetitlichen, appetitanregenden Gericht vereint. Außen goldbraun krustig, innen mild sahnig, eignet es sich gleichermaßen für ein elegantes Entrée wie auch, mit einem grünen Salat, für ein leichtes, aber delikates Mahl.

Sir Adrian Boult,
Grand Old Man
des Taktstocks

# Sir Adrians Käsesoufflé

*150 g Cheshire-Käse, geraspelt (Sir Adrian möge mir verzeihen: ich ziehe eine Mischung halb Emmentaler oder milder Greyerzer, halb Parmesan vor)*
*75 g Butter*
*4 EL Mehl*
*¼ l kochende Milch*
*4 Eigelb*
*Salz, Pfeffer*
*2 TL englischer Senf (Mustard)*
*4 Eiweiß*

*In einem schweren Topf die Butter zerlassen.*

*Mit etwas davon den Boden einer feuerfesten Auflaufform ausstreichen, 25 g Käse gleichmäßig darüberstreuen. Beiseite stellen.*

*Im Topf das Mehl mit Holzlöffel unter die Butter rühren und den «Roux» 1 bis 2 Minuten anschwitzen. Bevor er braun wird, nach und nach kochende Milch zugießen und mit dem Schneebesen kräftig schlagen, damit sich keine Klumpen bilden. Unter Rühren bei schwacher Hitze garen, bis die Sauce dick sämig wird.*

*Topf vom Feuer nehmen, Eigelbe mit dem Schneebesen einzeln hineinschlagen und 100 g Käse unterrühren. Mit Salz, Pfeffer und Senf abschmecken. Eiweiße mit einer Prise Salz sehr steif schlagen. Zuerst einen großen Löffel davon vorsichtig unter die abgekühlte Masse rühren, damit sie geschmeidig wird, dann den Rest behutsam unterheben, damit sie locker wird.*

*Die vorbereitete Auflaufform bis zu zwei Dritteln mit der Soufflémasse füllen, den Rest Käse darüberstreuen. Mit einem Spachtel oder dem Daumen etwa 2 cm vom Rand rundherum eine Rille ziehen, damit sich eine schöne Haube bilden kann. Das Soufflé im vorgeheizten Ofen bei mittlerer Hitze (Elektroofen 190° oder Gasofen Stufe 3) etwa 25 bis 30 Minuten backen, bis es über den Rand aufgeht und goldbraun ist.*

*Sofort servieren, da es sonst zusammenfällt — lassen Sie lieber die Gäste auf das Soufflé warten als das Soufflé auf die Gäste!*

*Ausführungspraxis Damit das Soufflé beim Backen nicht überläuft, kann man einen Kragen aus Pergament um die Auflaufform binden, den man vor dem Auftragen wieder abnimmt.*

*Während des Backens den Ofen nicht öffnen, Soufflés sind zugempfindlich wie Primadonnen.*

*Englischer Senf ist grobkörnig und fruchtig scharf; statt seiner kann man natürlich auch gewöhnlichen mittelscharfen Senf nehmen.*

Fast zwanzig Jahre habe ich gebraucht, um zu erkennen, daß ich für Musik nicht begabt bin. Und da war ich schon berühmt!» meinte einmal *Giacomo Puccini.* Mit seinen veristischen Opern entschleuste er wahre Tränenbäche, und auch vor musikalischen Sturzfluten schreckte er nicht zurück. Trotzdem aber blieb er persönlich wohltuend uneitel. So setzte er sich einmal in eine Aufführung seiner «Tosca», um sie unerkannt und unvoreingenommen auf sich wirken zu lassen. Er erzählt:

«Teilweise grenzte der Enthusiasmus an Wahnsinn. Eine junge Dame, die neben mir saß, war empört, daß ich nicht auch klatschte; sie sah mich strafend an und fragte mich schließlich kopfschüttelnd: ‹Warum applaudieren Sie nicht bei diesem Meisterwerk?› ‹Meisterwerk?› lachte ich höhnisch, ‹Meisterwerk? Ach du lieber Gott!› ‹Wie, Sie können diese Musik nicht leiden?› ‹Nein›, sagte ich, ‹das ist Dilettantenarbeit.› ‹Dann verstehen Sie nichts von Musik›, rief meine schöne enthusiastische Nachbarin. Ich aber begann ihr zu beweisen, wie nach den Gesetzen des Generalbasses und des Kontrapunkts diese Tosca im Grunde doch eine recht ärmliche Sache sei. Ich erzählte ihr, wie diese Arie an Verdi gemahne und jener Chor eine Reminiszenz an Bizet sei. Kurz, ich ließ an meiner eigenen Musik kein gutes Haar. Als ich fertig war, fragte meine Nachbarin: ‹Ist das wirklich Ihre Meinung? Wirklich und ehrlich?› ‹Absolut.› ‹Nun, meinetwegen›, sagte die Dame achselzuckend und mit einem eigentümlichen Lächeln.

Am nächsten Morgen setze ich mich zum Frühstück und will gemütlich meine Zeitung lesen. Das erste, was ich sehe, ist eine dicke Überschrift: *‹Puccini über seine Tosca›.* Und so las ich nun, schwarz auf weiß, all die schlimmen Sachen, die ich am Abend vorher gesagt hatte. Die junge Dame war Musikkritikerin und hatte mich erkannt. Und während ich sie an der Nase herumzuführen dachte, führte sie mich an der Nase herum . . .»

Giacomo Puccini, Magier des sinnlichen Klangs

# Tosca-Törtchen

*250 g Blätterteig*
*25 g Butter*
*250 g Krebsschwänze, ersatzweise Crevetten, gekocht und geschält*
*1/8 l trockener Weißwein*
*Salz, Pfeffer*
*3 Eiweiß*
*3 Eigelb*
*40 g milder Greyerzer Käse, feingerieben*
*4 EL Rahm (Sahne)*

*Törtchen. Blätterteig auf einem kalt abgespülten Blech 3 bis 5 mm dick ausrollen. Mit Ausstecher oder Tasse vier Scheiben ausstechen, die größer sind als das Rund der bereitstehenden, mit Butter ausgestrichenen Törtchenformen. In diese je eine Teigscheibe fest hineindrücken. Die Böden mit einer Gabel mehrmals einstechen, damit sich beim Backen keine Blasen bilden.*

*Füllung. In einem kleinen Topf die abgetropften Krebsschwänze mit Weißwein, Dill, Salz und Pfeffer etwa 3 bis 4 Minuten dünsten. Danbeben die Eiweiße steif zu Schnee schlagen. Die Eigelbe mit dem Käse verrühren und den Eischnee unterziehen.*

*Soweit das Originalrezept. Mir fehlt dabei etwas die sublime Souplesse des Puccini-Klangs, ich rühre deshalb hier noch den Rahm zu.*

*Krebsschwänze abgetropft in die Törtchenformen geben, die Ei-Käse-Masse darüberstreichen. Im vorgeheizten Ofen bei mittlerer Hitze (225 ° — Stufe 4) etwa 20 bis 25 Minuten überbacken.*

*Ausführungspraxis Statt der runden «Tartelettes» kann man auch rechteckige oder ovale Formen nehmen; sie heißen dann «Allumettes» oder «Barquettes».*

*Wer nicht die Zeit und Geduld (und das Fingerspitzengefühl) hat, Blätterteig selbst herzustellen — obwohl ein solcher, hauchleicht und ofenfrisch, durch nichts zu ersetzen ist —, der greife ruhig zu den heute überall, auch tiefgekühlt, erhältlichen Blätterteigpaketen.*

*Konservierte Krebsschwänze und Crevetten verlieren den Dosengeschmack, wenn man sie vorher zirka 15 Minuten in etwa 1 EL Sherry und 2 EL Essig einlegt.*

Ach, wo sind sie geblieben, die Zeiten, da Wilhelm Hauff seinen Zwerg Nase einen Pastetenfrieden stiften ließ, da zu Ehren des Herzogs Philippe le Bon eine Riesenpastete aufgefahren wurde, in der ein ganzes Orchester musizierte, da Kochkünstler ihren Ruhm mit raffinierten Pasteten aus Karpfen, Kapaun und Schnepfen begründeten, von Schwan und Dachs und Stachelschwein ganz zu schweigen? Ich für mein Teil trauere diesen Meisterwerken der Hohen Kochschule nach und will deshalb zu ihrer Renaissance beitragen mit noch einem Pastetenrezept.

*Pietro Mascagni,* fünf Jahre jünger als Puccini und dessen Freund, hatte mit seiner Erstlingsoper «Cavalleria rusticana» einen Erfolg, der ihn mit einem Schlag weltberühmt machte und den er nie wieder erreichen sollte. Von der Uraufführung im Mai 1890 berichtet er:

«Ich sehe das Teatro Costanzi vor mir, das nur schwach besucht war. Ich sehe nach den letzten Schlägen des Taktstocks alle die Hände und Arme des Publikums in der Luft gestikulieren, als ob sie mich bedrohen

Pietro Mascagni (sitzend) im Kreise der ersten Interpreten seiner «Cavalleria rusticana»

wollten, in meiner Seele zittert noch das Echo jenes Lärmens, Jubelns, Schreiens nach, das mich damals fast erschreckte.»

Ein wahres Mascagni-Fieber griff um sich, und nach ihm wurden auch unsere Pastetchen benannt. So wie er in die kurze Spanne eines Akts die widersprüchlichsten Leidenschaften zusammenzwang, verschmelzen in den Petits Pâtés Mascagni die verschiedensten Geschmäcke: auf zart-herbem Blätterteigboden köstlich mildes Hirn, rot überzogen von herzhaftem Tomatenpüree wie das Fin-de-siècle-Sofa von Plüsch.

Eine Warnung allerdings: Die Zubereitung ist recht aufwendig. Sie lohnt aber die Mühe — Erinnerung an eine Zeit, die noch Zeit hatte.

Pietro Mascagni, Feuerkopf der veristischen Oper

# Mascagni-Pastetchen
## *Petits Pâtés Mascagni*

*Füllung. Hirn mindestens zwei Stunden in kaltem, mehrfach gewechseltem Wasser einlegen. Unter lauem Wasserstrahl sorgfältig enthäuten und reinigen.*

*In 1 l Wasser 1 EL Salz, 1 EL Zitronensaft, Lorbeer, Thymian, Karotte, Zwiebel und ein paar Pfefferkörner 15 Minuten simmern lassen. Hirn vorsichtig in den Sud geben. Etwa 10 Minuten gerade unter dem Siedepunkt garen, bis es fest und weiß ist, dabei immer wieder abschäumen. Hirn herausnehmen, auf eine Platte legen. Mit Salz und Pfeffer abschmecken, mit etwas Zitronensaft beträufeln. Ein nasses Tuch darüberbreiten und 30 Minuten abkühlen lassen.*

*Tomatenpüree. In einer Pfanne Öl, Knoblauch, Tomaten und Petersilie, mit Salz und gemahlenem Pfeffer abgeschmeckt, einkochen, bis die Tomaten zu Mus zerfallen und die Flüssigkeit reduziert ist.*

*Pastetchen. Die Blätterteigförmchen wie für die «Tosca-Törtchen», S. 20, vorbereiten. Eigelb mit 1 EL Wasser vermischen und damit die Förmchen bepinseln. Im vorgeheizten Ofen bei mittlerer Hitze (225° — Stufe 4) 30 Minuten backen.*

*Hirn kleinwürfeln, in die ofenwarmen Pastetenformen füllen und mit dem Tomatenpüree decken.*

***Ausführungspraxis*** *Natürlich kann man auch geschälte Tomaten (pelati) aus der Dose verwenden. Aber wie der Livornese Mascagni seine «Cavalleria rusticana» mit heißblütiger Melodia italiana durchglühte, geben frische Tomaten seinen Pastetchen erst die richtige Würze.*

*400 g Kalbshirn, ersatzweise Milke (Bries)*
*Salz*
*1 1/2 EL Zitronensaft*
*1/2 frisches Lorbeerblatt*
*1 Zweiglein Thymian*
*1 Karotte (Möhre) in Scheiben*
*1 Zwiebel in Scheiben*
*weißer Pfeffer in Körnern und aus der Mühle*
*3 EL Olivenöl*
*1 Knoblauchzehe, geschält und zerdrückt*
*4 weiche, voll ausgereifte Tomaten, geschält und in Scheiben*
*1 EL Petersilie, gehackt*
*250 g Blätterteig*
*1 Eigelb*

Wem alles bisher zu vertrackt war, dem schlage ich nun etwas vor, das Magen und Kocheifer nicht strapaziert.

Die um die Jahrhundertwende berühmte australische Sängerin *Nellie Melba* — wir werden ihr im «Allegro con gusto» noch mal begegnen — war eines der ersten in jener langen Reihe bedauernswerter Geschöpfe, die von Berufs wegen dazu verdammt sind, wie Ahasver von einem Kontinent zum anderen zu hetzen, um sich da und dort und allerorts einem Publikum darzubringen, das sie, wie schon Franz Liszt erkannte, nicht hören, sondern gehört haben wollte.

Nellie Melba, eine der Göttinnen im Sängerinnen-Olymp

Es spricht für die Disziplin und Willenskraft der Melba, daß sie sich aller Reiseschinderei zum Trotz die glockenreine Jugendlichkeit ihrer Stimme bis ins Alter zu bewahren gewußt hatte, als sie sich 1926 mit einer Galavorstellung in der Königlichen Oper Covent Garden von der Bühne verabschiedete. Für diese Parforceleistung zahlte sie mit einer Schwäche, unter der viele ihrer Kolleginnen und Kollegen von der Gilde der fahrenden Sänger leiden: einem empfindlichen, überreizten Magen.

Eigens für sie erfand man deshalb — dem Sagen nach war's der große Escoffier höchstselbst, sicher war's im «Savoy»-Hotel in London — jenen hauchdünnen, gewellten Toast, der als leichte Zugabe zu kalten Vorspeisen oder zu Suppen paßt oder, mit Butter bestrichen, zum Nachmittagstee, und jenes etwas substantiellere, «Muffins» genannte Gebäck, ebenfalls ein angenehmes Vorgericht oder eine bekömmliche kleine Mahlzeit — heute, wo man bei einer Sängerin den Ansatz des Busens ebenso kritisch beobachtet wie den Ansatz der Stimme, immer noch zu empfehlen.

# Toast und Muffins Melba

## Toast Melba

*Altbackenes Weiß- oder Toastbrot so dünn wie möglich schneiden, die Kruste entfernen und jede Scheibe diagonal halbieren. Auf Backfolie legen und im vorgewärmten Ofen bei schwacher Hitze (100° — Stufe 1) langsam backen, bis die Dreiecke gleichmäßig knusprig goldbraun sind. (Ich bilde mir ein, das Brot werde so krosser als im Toaster.)*

## Muffins Melba

*30 g frische Hefe oder*
*1 Beutel Trockenhefe*
*1 TL Zucker*
*2 EL lauwarmes Wasser*
*1 Ei*
*30 g Butter in Flocken*
*2 dl Milch*
*375 g Mehl*
*½ Mokkalöffel Salz*
*100 g Speck, gewürfelt und knusprig gebraten*

*Aus Hefe, Zucker und lauwarmem Wasser einen Vorteig machen. Ihn 10 Minuten gehen lassen.*

*In einer Schüssel Ei und 1 EL Butter mit der Milch verquirlen. 350 g Mehl und Salz beifügen, alles gut verrühren und zuletzt den Vorteig daruntermischen, bis der Teig weich, aber nicht klebrig ist.*

*An einem warmen Ort zugedeckt gehen lassen, bis die Masse sich verdoppelt hat. Speckwürfel mit restlichem Mehl bestreuen und hineingeben.*

*Vier bis sechs gebutterte Becherformen bis zu zwei Dritteln mit dem Teig füllen und im vorgeheizten Ofen bei mittlerer Hitze (225° — Stufe 4) etwa 20 bis 25 Minuten backen.*

*Die Muffins, sobald sie kugelförmig aufgegangen sind und hellbraun sind, aus den Formen stürzen und in einem mit Servietten ausgelegten Geschirr oder Korb anrichten.*

***Ausführungspraxis*** *Statt Becherformen kann man auch Alu-Folien über ein Glas stülpen und ihnen so eine ähnliche Form geben.*

*Muffins schmecken am besten warm; man bricht sie von Hand auf und bestreicht die Stücke mit Butter.*

# ARTISCHOCKENBÖDEN AUBER
## *Fonds d'artichauts Auber*

*4 große Artischocken*
*Zitronensaft*
*Salz*
*250 g gekochtes Hühnerfleisch ohne Fett, Haut und Sehnen*
*125 g Butter*
*1 Schalotte oder kleine Zwiebel, feingehackt*
*½ TL Kräutermischung aus gehacktem Thymian, Oregano und Estragon*
*Kerbelblätter*
*Pfeffer*
*«Ad libitum», wie der Musiker sagt — nach Belieben:*
*2½ dl Bratenjus (klare Bratensauce)*
*6 Pfefferkörner, zerdrückt*
*1 dl Madeira*
*1 TL Maizena*
*100 g Kochbutter in Flocken*

*Artischockenböden. Die Artischocken waschen. Ihre Stiele knapp über dem Boden durch Drehen abbrechen (schneidet man sie ab, bleiben die harten Fasern in den Böden). Mit einem Stahlmesser die Bruchstellen glätten und die oberen zwei Drittel der Pflanze abschneiden. Alle Schnittflächen mit Zitronensaft einreiben, damit sie sich nicht verfärben.*

*3 l Wasser mit Salz und 2 EL Zitronensaft zum Kochen bringen. Hitze reduzieren und die Artischocken je nach Größe 30 bis 40 Minuten darin simmern lassen, bis sie weich sind und man die Blätter leicht ausrupfen kann. Sie mit dem Boden nach unten abtropfen und etwas abkühlen lassen. Alle Blätter entfernen, mit einem Löffel das Heu aus den Böden schaben. Den Böden mit dem Löffel eine glatte, halbrunde Form geben. Warm stellen.*

*Hühnerpüree. Hühnerfleisch durch den fein eingestellten Fleischwolf drehen. In einer Pfanne bei schwacher Hitze 1 EL Butter zerlassen, die Schalotte oder Zwiebel darin glasig dünsten. Das Fleisch zugeben und mit der Kräutermischung, etwas Salz und Pfeffer würzen. Bei schwacher Hitze etwa 1 bis 2 Minuten garen. Einige Stückchen Butter unter die Masse ziehen und alles gut vermischen.*

*Die Artischockenböden mit dem Püree füllen, mit Kerbelblättern garnieren.*

*Wer dem Auber-Opus den rechten Pariser Glanz aufsetzen will, der lasse die Kerbelverzierung weg und übergieße es mit einer Madeirasauce.*

*Madeirasauce. In einer kleinen Pfanne Bratenjus und Pfefferkörner aufkochen. Im Madeira Maizena verrühren und zum Bratenjus geben. Vom Feuer nehmen und vorsichtig Kochbutter unterziehen.*

*Ausführungspraxis Anstelle frischer kann man auch Artischockenböden aus der Dose nehmen, nur geht dabei viel vom eigenartigen, erdigfahlen Geschmack der Eßdistel verloren.*

*Apropos Artischocken: Von allen Sorten ziehe ich die aus der Bretagne vor, sie sind besonders fleischig und kräftig.*

Die Oper, das haben vor mir schon andere festgestellt, ist ein unmögliches Kunstwerk: Wer den Dolch im Rücken hat, stirbt nicht, sondern singt. Und das Publikum schaut, oder besser: hört mit angehaltenem Atem zu, ergriffen nicht so sehr ob der ungemütlichen Situation des Helden als vielmehr von dessen makellosem hohen C. Der Gipfel der Paradoxie jedoch scheint mir erreicht, wenn die Titelheldin einer Oper eine Stumme ist, die «Stumme von Portici». Entstanden ist das Werk aus der Not, für die erste Aufführung keine gute Sängerin zur Verfügung zu haben, wohl aber eine talentierte Tänzerin und Darstellerin, und zu verdanken ist dieser Genieblitz *Daniel François Esprit Auber,* der nicht nur ein liebenswürdiger, geistvoller Komponist war, so französisch wie sein Name, sondern auch fleißig — er hinterließ nicht weniger als achtundvierzig Opern.

Daniel François Esprit Auber, der seinen dritten Vornamen in Musik setzte

Als ihm einmal Freunde rieten, sich von der vielen Arbeit zu erholen, fuhr er mit ihnen aufs Land. Kaum angelangt, sprang er vom Wagen und zog sich in das ihm reservierte Zimmer zurück, einen Einfall zu notieren. Seine Begleitung machte inzwischen einen Spaziergang und setzte sich dann zu Tisch. Die Suppe wurde aufgetragen, der Braten, man stellte Auber das Essen warm, aber als er endlich erschien, schlang er mit abwesender Miene hastig nur ein paar Bissen hinunter und verschwand wieder. So ging es vierzehn Tage, Auber nahm nicht am Landleben teil, machte keine Ausflüge mit und ließ sich selten blicken. Endlich kam er freudestrahlend, noch nasse Partiturseiten in der Hand: «So, jetzt können wir wieder nach Paris zurück, ich habe mich prächtig erholt, die Oper ist fertig!»

Unser Rezept ist ein Hommage an diesen Komponisten, der seinem dritten Vornamen Ehre gemacht hat, heute der Nachwelt aber fast entschwunden ist. Deshalb zwischendurch einmal ein musikalisches Rezept, für den Intendanten in Repertoire-Not: Er nehme eine oder mehrere der vergessenen Opern von Auber und poliere sie zu einem neuen Bühnenwerk auf; Erfolg wäre ihm sicher. Um aber auf die nach dem Meister benannten Artischockenböden zurückzukommen: sie sind eigentlich Beigabe zu einer Hauptspeise, Fleisch etwa oder Gemüse, können aber ebensogut als aparte Vorspeise serviert werden.

# *Andante fluido*

## SUPPEN

Suppen halten Leib und Seele beisammen, sie bilden, um bei unserem Thema zu bleiben, den harmonischen Unterbau zur kulinarischen Polyphonie. Sie sind, schrieb der geistreiche Gourmand Grimod de la Reynière, «eigentlich der Opernouvertüre zu vergleichen, die zu Beginn des Stücks den Verlauf der Handlung musikalisch zusammenfaßt».

So wie sich schon im Vorspiel zur «Carmen» des *Georges Bizet* das leidenschaftliche Leben, Lieben und

Georges Bizet, Schöpfer des vollkommenen Dramas in Tönen

Nächste Seite:
Schlußbild der Oper «Carmen» nach der ersten Aufführung 1875 in Paris

Sterben der Zigarettendreherin ankündigt. Kaum zu glauben, daß dieses glutvolle, im besten Sinne volkstümliche Werk bei seiner ersten Aufführung am 3. März 1875 in Paris nur kühle Ablehnung fand. Einer der Librettisten, Ludovic Halévy, erinnert sich: «Nach dem vierten Akt, der von Anfang bis Schluß mit eisiger Stimmung aufgenommen wird, bleibt die Bühne leer, nur drei oder vier wahre Freunde stellen sich bei Bizet ein. Sie versuchen ihn zu beruhigen, zu trösten, aber aus ihren Blicken spricht deutlich Niedergeschlagenheit: ‹Carmen› ist durchgefallen . . .» Es hagelt hämische Verrisse: «Herr Bizet gehört bekanntlich jener neuen Sekte an, deren Lehre darin besteht, die musikalischen Gedanken verdunsten zu lassen, statt sie in bestimmte Konturen zu bannen», «die Melodie ist außer Mode», «die Musik ist voller Kompromisse und Banalitäten», «wieviel Realismus, aber welch ein Skandal!»

Und welch ein Skandal, kann man da nur fortfahren, daß selbst Fachleute die mediterrane Musikalität der Oper nicht zu erkennen vermochten. Erst sieben Monate später trat sie von Wien aus ihren Triumphzug in alle Welt an. Zu spät für Bizet — er starb, nur siebenunddreißig Jahre alt, auf den Tag drei Monate nach dem Desaster.

# Consommé Carmen

## *Fleischbrühe Carmen*

*500 g mageres Rindfleisch (Suppenfleisch)*
*1 Karotte (Möhre), gewürfelt*
*1/2 Stange Lauch (Porree), weißer Teil, gehackt*
*1/2 Stengel Bleichsellerie, gewürfelt*
*1 kleine Zwiebel mit brauner Haut, besteckt mit Lorbeer und Nelke*
*1 Bouillonwürfel*
*Salz*
*60 g Langkornreis*
*1 Tomate, geschält und entkernt*
*1 grüne Paprikaschote, geschält und entkernt*
*1 EL frische Butter*
*Pfeffer*

*Brühe. In großem Topf Fleisch, Karotte, Lauch, Sellerie, Zwiebel und Bouillonwürfel mit kaltem, leicht gesalzenem Wasser bedecken. Langsam zum Kochen bringen und dabei abschäumen. Kurz vor dem Siedepunkt Hitze reduzieren und die Brühe halbbedeckt 1 bis 1 1/2 Stunden schwach simmern lassen, bis sie klar ist. Sie passieren und entfetten.*

*Einlage. Reis in Salzwasser bei schwacher Hitze etwa 15 Minuten ausquellen und dann abtropfen lassen. Tomate und Paprikaschote in dünne Scheiben schneiden, zusammen mit dem Reis kurz in Butter andünsten. Die Einlage in vier vorgewärmte Suppentassen verteilen.*

*Brühe mit Salz und Pfeffer abschmecken, kochend über die Einlagen gießen.*

***Ausführungspraxis*** *Als Zigeunerin ist Carmen geboren, als Zigeunerin stirbt sie; ist Ihnen das Consommé noch zuwenig zigeunerisch, bleibt es zu hell, können Sie es durch Mitkochen von weiteren Zwiebelhäuten bräunen.*

Mit seiner Faust-Oper «Margarethe» ging es *Charles Gounod* nicht viel anders als Bizet mit der «Carmen»: ihre Premiere am 19. März 1859 im Théâtre-Lyrique in Paris war kein Erfolg, das Publikum hielt mit Applaus zurück, einige buhten gar, und ein Kritiker schrieb: «Im deutschen Drama fühlt sich Doktor Faust vom Leben angeekelt. Dieses Gefühl in Musik zu setzen ist Gounod außerordentlich gut gelungen, aber es ist gefährlich, die künstlerische Gewissenhaftigkeit so weit zu treiben.»

Charles Gounod, Opernkomponist über religiösem Orgelpunkt

Erst Wochen später begann man die melodischen Reize der bittersüßen Liebesgeschichte zu goutieren, und seither blieb sie im Repertoire der Opernhäuser nicht nur von Paris, sondern überall in der Welt.

Gounod war ein würdiger Herr mit Patriarchenbart und Samtkäppi, der sich zum Komponieren in sein Arbeitszimmer zurückzog, das, seinen religiösen Neigungen entsprechend, die sakrale Atmosphäre einer Kapelle ausstrahlte; bemalte Fensterscheiben warfen gedämpft goldenes d-Moll-Licht auf Klavier, Orgel und Schreibtisch.

So nahe Gounod dem Himmel war, so sehr zog ihn das Ewigweibliche hinab. Einmal verlor er Kopf und Herz an eine hübsche englische Sängerin. Heimlich folgte er ihr nach London und blieb für Familie und Freunde unauffindbar. Bis man auf eine List verfiel: seine «Margarethe» verschwand vom Spielplan der Opéra.

Kurz darauf geht eines Morgens die Tür zum Eßzimmer auf, wo gerade die Familie sitzt. Papa Gounod steckt bedachtsam den Kopf herein: «Coucou! Me voilà, mes chers!» Spricht's und setzt sich zum Frühstück, als sei er nur kurz weg gewesen. Und auch die «Margarethe» wurde wieder gespielt.

# Püree Gounod

*250 g grüne Trockenerbsen*
*65 g frische Butter*
*1 mittlere Zwiebel, gehackt*
*1 mittlere Karotte (Möhre), gehackt*
*1 Stange Lauch (Porree), grüner Teil*
*40 g Spinat oder Kopfsalat, gehackt*
*1 Lorbeerblatt*
*1 Zweig Thymian*
*Salz, Pfeffer*
*40 g Hühnerfleisch, gekocht und gewürfelt*
*2 Scheiben altbackenes Weiß- oder Toastbrot*
*1 Knoblauchzehe*
*Kerbel*

*Erbsen über Nacht in 1 1/2 l lauwarmem Wasser einweichen. Sie am nächsten Tag in einen Topf mit demselben Wasser zum Kochen bringen. Abschäumen und bedeckt simmern lassen. Kochwasser aufbewahren.*

*In einem andern Topf 10 g Butter zerlassen, Zwiebel darin glasig dünsten. Karotte, Lauch, Spinat oder Salat, Lorbeer und Thymian zugeben und einige Minuten garen. Das Gemüse zu den Erbsen geben und das Kochwasser zugießen. Etwa 1 Stunde kochen, bis die Erbsen weich sind. Das Ganze passieren, mit Salz und Pfeffer abschmecken. Die Hühnerfleischwürfel zufügen und alles nochmals zum Kochen bringen. Abschäumen, mit Salz und Pfeffer abschmecken, zum Schluß 10 g Butter hineingeben.*

*Croûtons. Das gewürfelte Brot in Knoblauchbutter (1 Knoblauchzehe in der Presse oder im Mörser zerstoßen, mit 45 g Butter und einer Prise Salz verreiben, passieren) 1 bis 2 Minuten bei schwacher Hitze goldbraun zu Croûtons sautieren. Diese abtropfen lassen.*

*Die Croûtons über die heiße Suppe streuen und alles mit gezupftem Kerbel garnieren.*

***Ausführungspraxis*** *Das Püree gewinnt an blumigem Gounod-Kolorit, an Geschmack und Farbe, wenn man eine Tasse frische grüne Erbsen garkocht, passiert und mit den Hühnerfleischwürfeln zugibt.*

*Diese herzhafte Suppe eignet sich auch als mitternächtliche Stärkung; man macht dann etwas mehr davon.*

Charles Gounod
als scheinheiliger Prophet
Galliens in London

Gilbert und Sullivan,
die feindlichen Brüder
der Comic Opera

Nicht Publikum und Kritiker machten *Sir Arthur Sullivan* das Leben schwer, sondern die Zusammenarbeit mit seinem Textdichter Wiliam S. Gilbert, war dieser doch in vielem der Widerpart des lebenslustigen, charmanten Komponisten, jähen Launen unterworfen, bald zynisch-grob, bald sentimental. «Meine Köchin», sagte Gilbert einmal, «bekommt achtzig Pfund im Jahr und gibt mir hierfür einen geräucherten Hering. Sullivan zahlt der seinen fünfhundert, und sie serviert ihm denselben Hering, nur mit einem französischen Phantasienamen.»

Diese Gegensätzlichkeit schimmerte schon durch, als die beiden sich das erstemal trafen: «Freut mich, Sie kennenzulernen, Mr. Sullivan», begann Gilbert, «Sie sind der Mann, mir ein kompositorisches Problem zu erklären, das mich seit Wochen beschäftigt. Meinen Sie, es sei möglich, Mr. Sullivan, die mixolydische Tonleiter, statt sie durch die Vertauschung der oberen Quinte mit der unteren Quarte in eine hypomixolydische zu verwandeln, durch die umgekehrte Verlagerung des Tetrachords für die Modulationen des diatonischen Synemmenons vorzubereiten?»

Verdutzt blickt Sullivan Gilbert an und beginnt angestrengt nachzudenken. «Könnten Sie», fragt er nach einer Weile verlegen, «könnten Sie, lieber Mr. Gilbert, die Frage wiederholen?» «Aber gern», sagt der und repetiert die Litanei. «Interessant», murmelt Sullivan schließlich, «interessant. Darf ich das zu Hause überdenken, bevor ich eine Auskunft gebe?»

Gilbert wußte natürlich, daß es auf diese Frage gar keine Antwort gab, denn er hatte den gelehrten Unsinn gerade als Jux in den Dialog eines Bühnenstücks eingebaut.

Das einander in Abneigung verbundene Paar schrieb unzählige Comic Operas, darunter den «Mikado», neben der «Lustigen Witwe» die erfolgreichste Operette aller Zeiten.

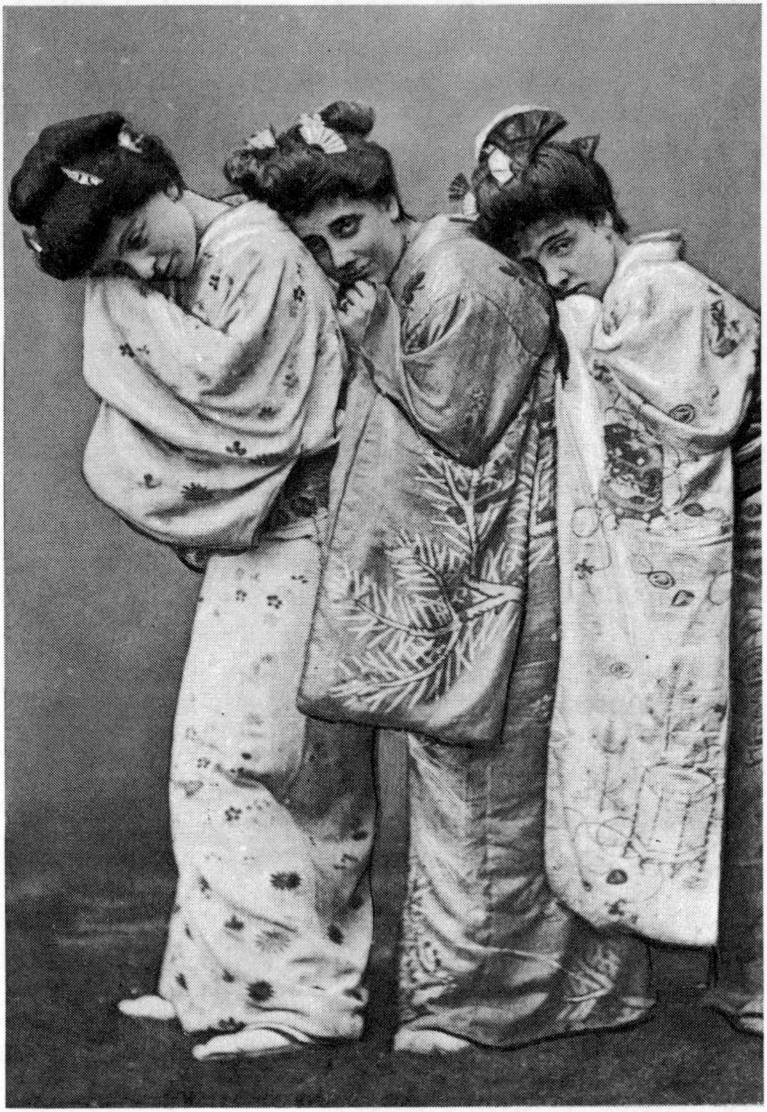

Die Schwestern Yum-Yum, Pitty-Sing und Peep-Bo im «Mikado»

# Consommé Mikado
## *Hühnerbrühe Mikado*

*500 g Suppenhuhn, küchenfertig*
*1 Karotte (Möhre)*
*1/2 Stange Lauch (Porree), gehackt*
*1/2 Stengel Bleichsellerie, gewürfelt*
*1 kleine Zwiebel mit brauner Haut, besteckt mit Nelke*
*1 Bouquet garni aus Petersilie, Thymian und Lorbeer*
*Salz*
*1 Tomate, geschält und entkernt*
*Pfeffer*

*Brühe. In großem Topf Suppenhuhn, Karotte, Lauch, Sellerie, Zwiebel und Bouquet garni mit Wasser bedecken. Langsam zum Kochen bringen, ständig abschäumen und entfetten. Vom Siedepunkt an salzen und bei reduzierter Hitze halb bedeckt 1 1/2 bis 3 Stunden — je nach Alter des Huhns — ungestört schwach simmern lassen. Huhn herausnehmen, Brühe passieren. Nochmals aufkochen und 15 bis 20 Minuten bei milder Hitze ziehen lassen.*

*Einlage. 100 g Hühnerfleisch ohne Haut und Knochen sowie Tomaten würfeln, für die letzten 5 Minuten in die Brühe geben.*

*Das Consommé mit Salz und Pfeffer abschmecken und in Suppentassen servieren.*

*Ausführungspraxis* *Entdeckten Gilbert und Sullivan für das Musiktheater die Exotik Japans, gehört die heiße Brühe vom Huhn mit ihren Zutaten in der Lackschale zu den traditionellen Gaumenfreuden dieses Landes. Mit Fleischbrühe statt Wasser wird sie noch kräftiger und schmackhafter.*

*Das restliche Hühnerfleisch kann für Salat oder eine kalte Platte verwendet werden.*

Es ist ein verbreiteter Irrtum, zu glauben, der Künstler habe nur darauf zu warten, daß ihm die Inspiration zufliege. Im Gegenteil: er muß, wie Ferdinand Hodler sagte, ständig arbeiten, um am Schaffen zu sein, wenn der große Moment kommt. Und Gounod schrieb: «Was für das Leben des Körpers das Herz ist, das ist die Arbeit für das Leben des Geistes. Nicht die Arbeit tötet, sondern die Unfruchtbarkeit.»

Fleiß ist nicht immer Genie, Genie aber immer Fleiß. Dafür gibt es viele Beispiele, von Bach bis *Franz Lehár*. Dieser Meister der Operettenrührseligkeit hielt es wie der emsige Auber: vom Partiturenschreiben erholte er sich mit Partiturenschreiben. So komponierte er nicht weniger als sechsundzwanzig Operetten, eine so erfolgreich wie die andere, zahlreiche weitere Bühnenwerke und Stücke nicht mitgerechnet. Damit schlug er Sullivan, der es «nur» auf zweiundzwanzig brachte. War dieser mit seinen schlagerkräftigen Songs und modischen Tanzrhythmen in gewissem Sinne der Vorläufer des angloamerikanischen Musicals, vollendete Lehár die Wiener Operette, durch die sich wie ein Leitmotiv der Wiener Walzer zieht. Und wie er diesem immer wieder neue, moll-ig sinnliche Farben abgewinnt, das verdient Bewunderung.

Wir wollen ihm deshalb auch seine naive Freude am Beifall nicht verargen. Jedem, der einmal den Meister sehen wollte, riet man, vor dessen Haus in Wien oder Bad Ischl zu stehen und kräftig in die Hände zu klatschen. Alsbald werde Lehár heraustreten . . .

Franz Lehár —
die ganze Welt ein Séparée

# Wildbrühe Zarewitsch

## *Consommé Tsarévitah*

*500 g Knochen und Fleisch von Haarwild*
*1 Bd. frisches Suppengrün, gehackt*
*50 g Butter*
*1 Zweig Thymian*
*4 frische Salbeiblätter, gemahlen*
*5 – 6 Wacholderbeeren, zerdrückt*
*Salz, Pfeffer*
*½ dl Sherry Fino oder Manzanilla*
*1 Bd. Brunnenkresse oder Petersilie*
*Ad libitum:*
*150 g mageres Wildfleisch*
*1 Prise Muskatnuß, gerieben*
*Cayennepfeffer*
*1 Eiweiß*
*1 dl Crème fraîche oder leicht geschlagener Rahm (Sahne)*
*3 dl Fleischbrühe*

*Wildknochen zerhacken, Wildfleisch kleinwürfeln.*

*Die Hälfte des Suppengrüns in 20 g Butter andünsten, die Knochen zugeben und kräftig bräunen. Langsam mit Wasser bedecken, die Kräuter und die Wacholderbeeren zufügen, mit Salz und Pfeffer abschmecken. Im offenen Topf etwa 1 Stunde leise kochen. Passieren und Flüssigkeit mit Wasser wieder auf zwei Drittel auffüllen.*

*In einem anderen Topf den Rest Suppengrün in 20 g Butter anschmoren, das Wildfleisch zugeben und kräftig bräunen. Nach und nach mit der Knochenbrühe ablöschen, dabei Flüssigkeit verdampfen lassen, bis die Brühe schön dunkel ist.*

*Vor dem Servieren den Rest Butter hineingeben und mit Sherry abschmecken. In vorgewärmte Bouillontassen abfüllen, mit Kresse und gehackter Petersilie garnieren und, wenn Sie keinen zu empfindlichen Magen haben, das Wolgalied aus dem «Zarewitsch» abspielen.*

*Einlage (ad libitum). Mageres Wildfleisch in Fleischwolf oder Maschine mit Salz, Pfeffer, Muskatnuß und Cayennepfeffer zu einer Paste zerstoßen. Das Eiweiß hineinmischen. Die Masse in eine Schüssel passieren, die in gestoßenem Eis steht. Crème fraîche oder leicht geschlagenen Rahm untermischen. Nach 1 Stunde in Spritzbeutel abfüllen und mit ihm ovale Klößchen in eine mit Butter ausgestrichene Form spritzen. Die Klößchen vorsichtig mit kochender Fleischbrühe bedecken. Sie bei schwacher Hitze erwärmen, bis sie an die Oberfläche steigen. Herausschöpfen und in die heiße Wildbrühe geben.*

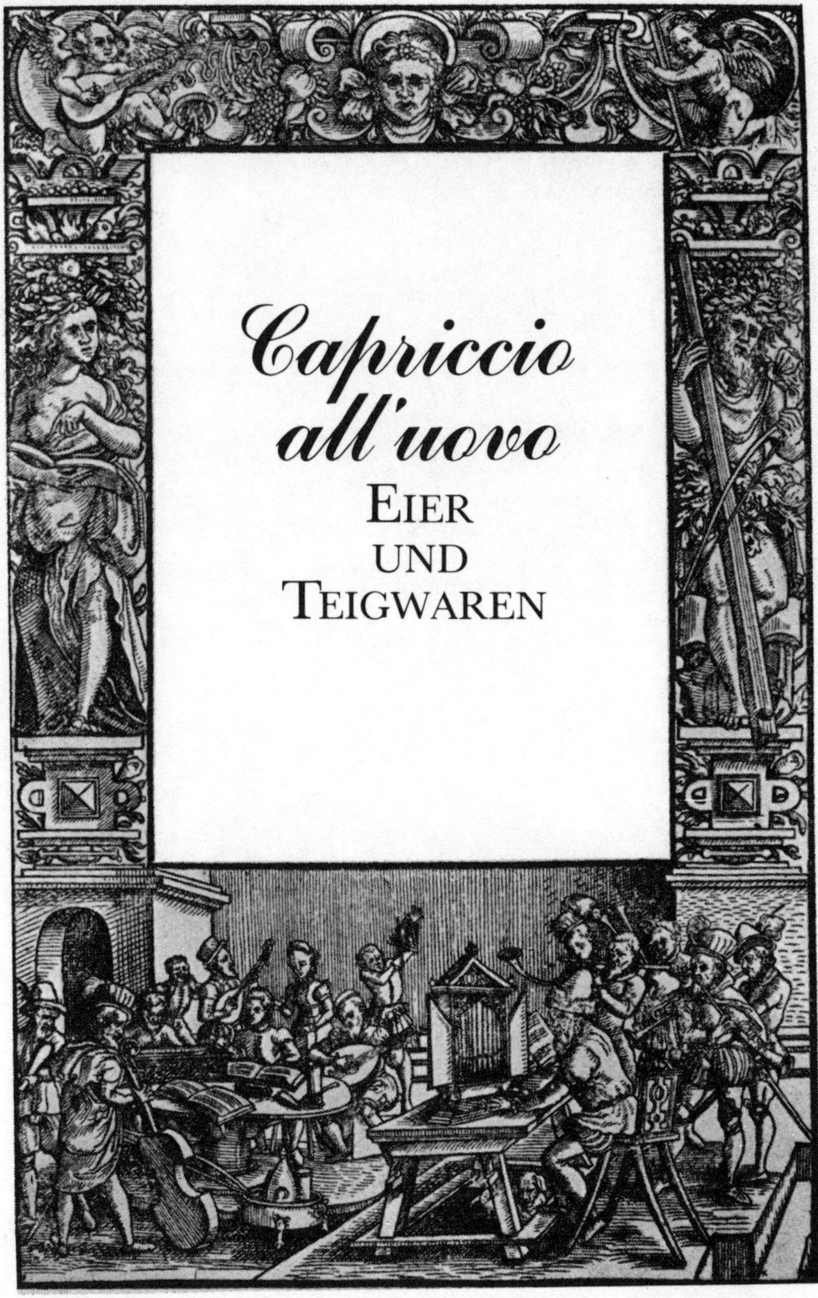

# *Capriccio all'uovo*

## Eier und Teigwaren

Am Anfang war das Ei. Es ist Sinnbild des Lebens wie Fundament unserer Küche und spielt deshalb in der Geschichte der Menschheit eine wichtige Rolle, vom Weltei der Antike zu den edelsteingeschmückten Goldeiern des Zarenjuweliers Fabergé, vom Osterei zum Frühstücksei jeden Morgen.

Wer hätte aber gedacht, daß die im wörtlichen Sinn hausbackenen Spiegeleier ein Prüfstück sind für den guten Koch? Selbst Maître Bocuse erhebt warnend den Kochlöffel: Sie dürfen keinen braunen Rand haben und nicht am Boden anbraten, das Eiweiß muß milchig gestockt sein, das Eigelb hingegen noch wachsweich und von einer schimmernden Haut überzogen, eben dem Spiegel des so genannten Eies.

Auch der gebürtige Berliner und Wahlpariser *Giacomo Meyerbeer* gehörte, man verzeihe mir den gewagten Übergang, zu jenen, die aus Platitüden Kunstwerke zu komponieren verstehen. Über ihn sagte Berlioz nicht ohne Neid: «Meyerbeer hatte das Glück, Talent zu haben; er hatte aber auch in hohem Maße das Talent, Glück zu haben.»

Giacomo Meyerbeer, wandlungsfähiger Kosmopolit

Immerhin verdanken wir Meyerbeer bisher ungehörte Orchestereffekte und Klangmischungen. Selbst Meister wie Wagner und Verdi ließen sich, meist uneingestanden, von ihm anregen. «Die Schwächen Meyerbeers», urteilte ein Kritiker, «sind in seinem Werk geblieben. Seine Stärken gingen an seine Nachfolger über.»

Als ein Neffe nach dem Tode Meyerbeers Rossini einen Trauermarsch zu dessen Gedenken vorspielte, meinte dieser mit dem quicken Witz, den er auch in der Musik hatte: «Es wäre mir lieber, Sie wären gestorben und Ihr Onkel hätte einen Trauermarsch auf Sie komponiert.»

# Spiegeleier Meyerbeer

*Für zwei Personen:*
*250 g Lamm- oder Kalbsnieren*
*Zitronensaft*
*60 g Butter*
*Salz, Pfeffer*
*4 Eier*
*Ad libitum:*
*2 dl Doppelrahm (Crème double)*
*1 Tube schwarze Trüffelpaste*
*Salz, weißer Pfeffer*
*2 TL Cognac*
*1 TL Madeira*
*1 kl. Dose schwarze Trüffeln*
*Brunnenkresse*

*Nieren. Die Nieren der Länge nach halbieren und mindestens 30 Minuten in lauwarme Milch oder Wasser legen. Trockentupfen, häuten, säubern, mit etwas Zitronensaft beträufeln. In 30 g zerlassener Butter rasch auf allen Seiten zischend anbraten, daß sie innen noch rosig sind. In feine Scheiben schneiden. Mit etwas Salz und Pfeffer abschmecken. Warm halten.*

*Spiegeleier. In einer erwärmten Pfanne bei schwacher Hitze 30 g Butter zerlassen, bis der Boden mit ihr bedeckt*

Giacomo Meyerbeer, Berliner mit italianisiertem Vornamen und französischem Naturell

*ist. Eine Prise Salz darüberstreuen, vorsichtig Eier hineingleiten lassen. Die Pfanne schräg halten und die Eier mit der abgeschöpften flüssigen Butter übergießen. Deckel auf die Pfanne legen. Nach etwa 1 Minute haben Eiweiß und Eigelb die richtige Konsistenz.*

*Die Nierenscheiben zwischen die Eigelbe aufs Eiweiß legen.*

*Wer die Spiegeleier im Stile Meyerbeers mit etwas Pomp und Trara vortragen will, der bereite vorher die folgende Sauce vor:*

*Trüffelsauce (ad libitum). Doppelrahm und Trüffelpaste von Hand oder elektrisch gut mischen. In kleiner Pfanne erwärmen (nicht kochen), mit Salz und Pfeffer abschmecken. Mit Cognac und Madeira ablöschen.*

*Die Spiegeleier mit der Trüffelsauce umrahmen, mit den in feine Streifen geschnittenen Trüffeln und ein paar Kresseblättern garnieren.*

*Ausführungspraxis Für alle Eierspeisen müssen die Eier vorher auf Zimmertemperatur gebracht werden; sie lassen sich dann leichter behandeln und schmecken besser.*

*Spiegeleier sollte man immer in einer speziellen Eierpfanne aus Gußeisen oder Edelstahl zubereiten.*

*Wem Niere nicht zusagt (wobei der Geschmack der Lammniere noch ausgeprägter ist als jener der Kalbsniere), der kann sie durch angestochene, mit einer gehackten Zwiebel in Butter weichgeschmorte Cocktailwürstchen oder Cipollata ersetzen, desgleichen durch ebenso vorbereitete Champignons, dann aber ohne Trüffelsauce.*

*Persönlich ziehe ich der schwarzen die weiße Trüffel vor: jene, die vor allem aus dem französischen Périgord stammt, hat, bis sie zu uns kommt, meist weniger Duft und Geschmack als ihre Schwester aus dem Piemont.*

Wie manch anderer Musiker hatte auch *Jean-Baptiste Lully* eine lockere und lekkere Zunge. Der aufgeweckte Giovanni Battista Lully, Sohn eines florentinischen Müllers, kam schon mit vierzehn Jahren nach Paris, wo er als Garçon de la chambre in die Dienste der Prinzessin von Orléans trat und mit dem Hofleben und der französischen Küche Bekanntschaft machte. (Daß er, wie oft behauptet wird, eine Zeitlang gar Küchenjunge gewesen sei, läßt sich historisch nicht nachweisen, so willkommen das im vorliegenden Zusammenhang auch wäre.)

Sein musikalischer Genius, sein Ehrgeiz und seine Schlagfertigkeit führten ihn in einer, wie man heute sagen würde, Blitzkarriere zum Musikintendanten und musikalischen Vertrauten Ludwigs XIV. Als dieser ihm einmal eine Gavotte zeigte, die er komponiert hatte, verneigte sich der Musiker mit sauersüßer Miene vor dem Sonnenkönig: «Famos, Euer Majestät, famos! — Ihro Hoheit wollten offensichtlich mit einer dilettantischen Komposition ein Exempel statuieren. Das ist Majestät glänzend gelungen!»

Den Dirigenten sagt man allgemein ein langes Leben nach. Daß einer es aber in Ausführung seines Berufs gewaltsam verkürzt, kommt in der Musikgeschichte nur einmal vor, eben bei Lully. Während einer Probe zu seinem Tedeum stieß der Heftige sich, über eine mißlungene Passage erbost, den damals noch üblichen langen Dirigierstab so unglücklich in den Fuß, daß dieser verletzt wurde, worauf Vereiterung und Brand schließlich zum Tode führten. 1687 wurde Lully unter höchsten Ehren in der Eglise des Petits-Pères bestattet.

Jean-Baptiste Lully,
Secrétaire du Roy,
Maître de la Musique
de la Famille Royale

# RÜHREIER LULLY

*125 g Rohschinken am Stück*
*100 g Butter*
*8 — 10 Eier*
*40 g Hartkäse, grobgerieben*
*Salz, schwarzer Pfeffer*
*Majoran oder Kerbel*
*1 EL Rahm (Sahne)*

*Auch Rührreier sind so eine Sache — das trockene Gemampf, das man gemeinhin vorgesetzt bekommt, kann einen zu nichts als Tränen rühren und hätte wohl auch Jean-Baptiste Lully zu einem seiner gefürchteten Jähzornausbrüche hingerissen. Locker, luftig und feucht sind sie hingegen ein einfaches, aber apartes Gericht.*

*Vom Schinken das Fett entfernen, ihn in Würfel schneiden. In der für die Rührreier vorgesehenen dickwandigen Pfanne mit etwas Butter leicht anbraten und auf einem vorgewärmten Teller warm halten.*

*Die Eier in eine Schüssel schlagen, Käse und 60 g Butter in Flocken zugeben. Mit einer Gabel sanft und nicht zu schnell verquirlen. Masse in die noch warme, abermals an Boden und Rand gebutterte Pfanne geben. Diese ins Wasserbad setzen und bei schwacher Hitze langsam erwärmen, ohne daß das Wasser zum Sieden kommt. Dabei ständig rühren, bis alle Butterflocken geschmolzen sind und die Eier zu stocken beginnen. Mit Salz, Pfeffer und Majoran oder Kerbel abschmecken.*

*Die Masse vom Rand her zur Mitte schieben, bis die Eier gestockt sind, an der Oberfläche aber noch glänzen. Die Pfanne aus dem Wasserbad nehmen. Schinkenwürfel unterrühren und kurz vor dem Anrichten noch etwas Butter oder 1 EL Rahm zugeben. Direkt aus der Pfanne auf vorgewärmten Tellern servieren.*

***Ausführungspraxis*** *Je niedriger die Hitze, je länger die Garzeit, desto cremiger werden Rührreier.*

*Werden die Rührreier zu fest, rühre man zum Schluß noch ein geschlagenes rohes Ei hinein.*

# Omelette Cäcilia

*300 g Spargel*
*1 Prise Zucker*
*60 g Butter*
*1 Prise Stärkemehl*
*8 Eier*
*Salz, Pfeffer*
*50 g geriebener Hartkäse*

*Spargel schälen und in schräge Stücke schneiden. In kochendem Salzwasser mit einer Prise Zucker knapp weich kochen. Abtropfen und einige Sekunden bei starker Hitze in 30 g Butter sautieren, bis sie glänzen. Beiseite stellen.*

*In eine Schüssel die Prise Stärkemehl geben, Eier hineinschlagen, mit Salz und Pfeffer abschmecken. Mit einigen Butterflocken leicht schaumig rühren (nicht schlagen). Die Spargelstücke und den Käse zugeben.*

*In einer vorgewärmten Omelettepfanne 20 g Butter rauchheiß erhitzen. Bevor das Fett braun wird, Hitze reduzieren. Die Eimasse hineingeben und mit einer Gabel gleichmäßig auf dem Pfannenboden verteilen. 30 bis 40 Sekunden garen, bis sie gestockt, in der Mitte aber noch cremig ist. Dabei die Eimasse vom Rand zur Mitte schieben.*

*Die Omelette auf eine vorgewärmte Platte gleiten lassen, ihr mit etwas geschmolzener Butter einen Cäcilienschein geben und sofort servieren.*

*Ausführungspraxis* *Für eine gute Omelette braucht es eine völlig ebene Eisenpfanne, die nur für Eierspeisen verwendet wird; sie soll nicht gewaschen, sondern, solange noch heiß, mit Küchenpapier ausgerieben werden.*

*Haben Sie keine Übung im Omelettebacken, machen Sie statt einer großen zwei kleine; Sie haben dann den Ablauf, der ja eine Sache von Sekunden ist, besser in der Hand.*

Phls Galle excud.

Die Omelette hat sich ihre Frische bewahrt trotz eines ehrwürdigen Alters: Ihr Name, der sich von der lateinischen «lamella» herleitet, dem flachen Metallspaten, mit dem man die Speise anrichtete, verrät, daß schon die Römer, die ihre Mahlzeiten oft mit Eiern begannen, sie zu schätzen wußten. Man kann sich deshalb vorstellen, daß auch *Cäcilia,* Patrizierin aus vornehmem römischen Geschlecht, sie kannte, als sie ihrem heidnischen Verlobten Valerianus angetraut werden sollte.

Wie die prunkvolle Hochzeitsmusik anhob, so weiß die Legende zu berichten, rief die zum Christentum Bekehrte ihren Gott an: «Fiat, Domine, cor meum et corpus meum immaculatum, ut non confundar», «Mein Herz und Körper, o Herr, sollen keusch bleiben, daß nichts sie verwirre.» Sie blieb diesem Gelübde treu und starb um 230 n. Chr. für ihren Glauben den grausamen Märtyrertod.

Seither wird die «Clarissima» als Patronin der Musik verehrt. Auf einem Freskenzyklus in der Sakristei der Karmeliterkirche zu Florenz aus dem 14. Jahrhundert ist die Bankettszene dargestellt. Wir sehen dort zum ersten Male einen Musiker beim Hochzeitsmahl die Orgel spielen. Viele große Maler hat die lichte Cäciliengestalt zu Meisterwerken angeregt: Donatello und Fra Angelico, die Brüder van Eyck, Raffael und Rubens.

Bis zum heutigen Tage blieb das Officium Sanctae Caeciliae der lateinisch-römischen Kirche einer der schönsten, bewegendsten Gesänge der gregorianischen Liturgie.

Linke Seite:
Die heilige Cäcilia,
Schutzpatronin der Musik

Vincenzo Bellini,
dessen lange
Kantilenen,
nach Richard Wagner,
«ganz Herz» waren

Nudeln sind anspruchslose Nahrungsmittel, ihr Geschmack gibt eigentlich nicht viel her. Welche Metamorphose aber, wenn sie sich mit einer Zutat verbinden! Sei es eine einfache Butterflocke, sei es eine raffiniert erdachte Sauce — Teigwaren erst machen daraus jene köstlichen Mischungen von Schlichtheit und Sinnengenuß, wie sie unsere südlichen Nachbarn zu duft- und geistreichen Mahlzeiten zusammenzustellen verstehen.

Das ist so italienisch wie die Opern *Vincenzo Bellinis,* wo die einfache, ja primitive Substanz der Harmonik und Instrumentation von verführerischer Melodienseligkeit verklärt wird. Deshalb auch lebten seine Werke von und mit den Sängern, für die sie geschrieben waren, «Norma» etwa für Giuditta Pasta (ich verkneife mir das naheliegende Spiel mit Worten). Als auf einer Abendgesellschaft eine — andere — Sängerin gebeten wurde, eine Arie daraus zum besten zu geben, flüsterte sie dem anwesenden Komponisten zu: «Oh, Maestro, ich habe fürchterliche Angst!» «Und ich erst!» war die Antwort.

Um 1830 saß Bellini unerkannt in einer Loge des Drury-Lane-Opernhauses in London, um sich die berühmte Malibran in seiner «Sonnambula» anzuhören. Ihr Vortrag der großen Arie «Ah, m'abbraccia», «Ah, umarme mich!», begeisterte ihn so, daß er sich über die Brüstung beugte: «Viva! Viva! Brava!» Das englische Publikum fand das «shocking» und forderte, daß man den Zwischenrufer hinauswerfe. Als aber bekannt wurde, wer das war, schlug der Zorn in Beifall um, und Bellini wurde auf die Bühne gerufen. Dort stand die Nachtwandlerin Malibran, streckte ihm ihre Arme entgegen und sang jubelnd: «Ah, m'abbraccia!»

Maria García, die Malibran, «Nachtwandlerin» mit betörender Stimme

# Norma-Nudeln
## *Tagliatelle Norma*

*350 g Bandnudeln (Tagliatelle)*
*2 Auberginen*
*Salz*
*2 Zwiebeln*
*3 Knoblauchzehen*
*Olivenöl*
*1 Dose geschälte Tomaten*
*3 EL frisches Basilikum, gehackt*
*je 1 Zweig Rosmarin und Thymian*
*60 g kleine Kapern*
*Pfeffer*
*geriebener Parmesankäse*

*Sauce. Auberginen waschen, wenn nötig schälen, würfeln. Mit Salz bestreuen und Flüssigkeit ziehen lassen, mit Küchenpapier trockentupfen.*

*In einer Pfanne 3 EL Öl erhitzen. Darin Zwiebeln und Knoblauch glasig dünsten, dann die Auberginenwürfel darin andämpfen. Tomaten mit ihrer Flüssigkeit untermischen, mit Basilikum, Rosmarin, Thymian, Kapern, Salz und Pfeffer würzen.*

*Nudeln. In einem großen Topf viel Wasser mit Salz und Öl (auf 100 g Teigwaren 1 l Wasser und je 1 gestrichener TL Salz und Öl) sprudelnd kochen. Darin die Nudeln unter gelegentlichem Probieren 8 bis 10 Minuten strudelnd garen, bis sie «al dente» sind, innen weich, außen noch hart. In einem Sieb gut abtropfen lassen.*

*Sauce über die Nudeln geben, mit Käse bestreuen. Ein Gericht, das Sonne und Süden verströmt wie der Belcanto Bellinis.*

***Ausführungspraxis*** *Wenn auch die Herstellung eines Nudelteigs keine Hexerei ist — Mehl wird mit Ei und etwas Öl vermischt und geknetet, bis daraus ein geschmeidiger Teig wird, und basta die Pasta! —, gibt es heute so gute fertige Teigwaren, daß man ruhig zu ihnen greifen darf; nur beachte man dann die Kochvorschrift auf der Packung.*

*Teigwaren sollten nach dem Kochen nicht mit kaltem Wasser abgeschreckt, sondern nur gut abgegossen werden.*

Die Phantasie und Sinnenfreude der Italiener lebt auch im Formenreichtum ihrer Teigwaren, Capelli d'angeli, Tagliatelle, Cannelloni, Ruote, Conchiglie, Farfalle und wie die kunstvollen Gebilde alle noch heißen, Engelshaar, Bandnudeln, Röhren, Räder, Muscheln,

Enrico Caruso als Komödiant Canio in Leoncavallos «Bajazzo»

Selbstzeichnung Carusos, der auch ein begabter Karikaturist war

Schmetterlinge. Die klassische Form aber sind und bleiben die Spaghetti, die, wie kein Geringerer als Benedetto Croce nachwies, aus Sizilien stammen, inzwischen aber hauptsächlich in und um Neapel beheimatet sind.

Dort wurde 1873 in eine arme, kinderreiche Familie auch *Enrico Caruso* geboren, dessen Stimme später, wie Toscanini einmal ausrief, «fa parlare die sè, per dio, il mondo interno». «Aus ihr spricht, bei Gott, die innere Welt!» Er mußte bescheiden anfangen, als Sängerknabe, als Stellvertreter unmusikalischer Liebhaber unter den Fenstern holder Schönen, als Wandersänger in den Bädern der Provinz. Der Durchbruch kam mit einem Auftritt 1898 am Teatro Lirico in Mailand, und bald feierte man ihn in der ganzen Welt als den größten Tenor aller Zeiten, dessen Ruhm ja auch heute noch nicht erloschen ist — allein schon, weil er als einer der ersten Schallplatten besang.

Immer aber blieb er der liebenswürdige, warmherzige Napoletano. Auf dem Weg zurück von einer Aufführung an der Metropolitan Opera New York kam er einmal vor dem Küchenausgang seines Hotels an einem Häufchen Menschen vorbei, die für die Überreste des Tages anstanden. Darunter ein verhärmter Alter, der trotz der bissigen Kälte keinen Mantel anhatte. Ohne ein Wort zog Caruso seinen pelzgefütterten Paletot aus und legte ihn dem Bettelmann behutsam um die Schultern.

Neapolitanisch waren auch Carusos Leibgerichte: Makkaroni und Spaghetti. Als ihn ein Impresario zu einem Gastspiel in seiner Vaterstadt einlud, nachdem diese sich ihm gegenüber nach einem Auftritt zuvor wenig freundlich verhalten hatte, antwortete er: «Ich werde nach Neapel zurückkommen, weil es meine Heimat ist und ich sie liebe. Aber nicht, um zu singen, sondern um Spaghetti zu essen.»

# Spaghetti Caruso

500 g Spaghetti
400 g Champignons
500 g Tomaten, geschält und entkernt
100 g Butter
250 g Schalotten oder Zwiebeln, gehackt
3 Knoblauchzehen, gehackt
Salz, schwarzer Pfeffer
1 TL Kräutermischung aus Basilikum, Rosmarin und Thymian, gehackt
4 1/2 dl süßer Rahm (Sahne)
200 g geriebener Parmesankäse
Olivenöl

*Sauce. Champignons gut putzen und in Scheiben schneiden. Tomaten würfeln.*

*In einem Topf 30 g Butter erhitzen. Darin Schalotten oder Zwiebeln und Knoblauch glasig dünsten. Champignons und Tomaten so lange schmoren, bis alle Flüssigkeit verdampft ist. Mit Salz, Pfeffer und Kräutermischung abschmecken. Einen Schuß Rahm beigeben und etwas einkochen lassen.*

*Spaghetti. Im größten verfügbaren Topf viel Wasser mit Salz und Öl (s. «Norma-Nudeln», S. 56) sprudelnd kochen. Darin die Spaghetti unter gelegentlichem Rühren und Probieren 8 bis 10 Minuten strodelnd garen, bis sie «al dente», beißfest, sind. In einem Sieb gut abtropfen lassen.*

*70 g Butter schaumig rühren, Rest Rahm und 50 g Käse hineingeben. Die Masse unter die Champignons und die Tomaten heben.*

*Die Spaghetti in einer vorgewärmten Schüssel mit der Sauce vermischen. Den restlichen Käse zum Drüberstreuen auf den Tisch stellen.*

*Ausführungspraxis* *Champignons sind sozusagen immer frisch erhältlich; der gute Koch vergißt daher, daß es sie auch in Dosen gibt.*

*Champignons zum Reinigen nie ins Wasser legen, sondern nur nötigenfalls kurz unter fließendem Wasser putzen.*

*Champignons lassen sich mit einem Eierschneider mühelos und schnell in Scheiben schneiden.*

Rechte Seite:
Sir John Barbirolli,
geadelter Engländer mit
italienischer Galanteria

Der Dirigent *Sir John Barbirolli* war einer der vielen Italiener, die das englische Musikleben in all seinen Schattierungen entscheidend mitprägten, von Bonvicini und Geminiani bis Campoli und Mantovani. Der Enkel und Sohn von Musikern, die sich in London niedergelassen hatten, erlernte seinen Beruf von der Pike auf: Elf Jahre alt, trat er als Wunderkind mit dem Cello auf, und nach Lehrjahren am Trinity College und an der Royal Academy of Music erspielte er sich seinen Lebensunterhalt in Kinos, Kaffeehäusern und Music Halls. «Es tut mir», erinnerte er sich später, «um keinen einzigen dieser Augenblicke leid.» Als Knabe noch brachte er eine vor dem Aufnahmetrichter eingespielte Schellackplatte mit Cello-Piecen heim. «Es gab Tränen, Tränen der Freude und des Stolzes.»

Mit siebzehn ist Barbirolli der jüngste Cellist im Queen's Hall Orchestra, und neun Jahre später, 1925, gründet er sein eigenes Kammerorchester. Das Glück, das dem Tüchtigen gewogen ist, war gleich zweimal zur Stelle: 1927 konnte er beim London Symphony Orchestra für den erkrankten Sir Thomas Beecham einspringen, 1936 wurde er trotz Intrigen Nachfolger Toscaninis bei den New Yorker Philharmonikern. Später erwarb er sich um das Hallé-Orchester Manchester als dessen Erneuerer und Chefdirigent Verdienste, für die er vom Königshaus geadelt wurde.

Wie als Musiker, so konnte auch der Mensch Barbirolli seine Italianità nicht verleugnen. Wer je von ihm in seinem schönen Heim in Westminster empfangen und mit einer lebhaften Umarmung begrüßt wurde, vergißt den eleganten, warmherzigen Charme des Maestro nicht und — die Spaghetti, die er nach seiner Façon zuzubereiten liebte. Auch sie eine italo-englische Entente cordiale: italienische Pasta mit englischen Clams.

# MUSCHEL-SPAGHETTI BARBIROLLI
## *Spaghetti alle Cozze Barbirolli*

*500 g Spaghetti*
*4 EL Olivenöl*
*5 Knoblauchzehen, geschält*
*400 g Tomaten, geschält und entkernt*
*Salz, weißer Pfeffer*
*4 TL frisches, gehacktes Basilikum (oder 1 TL getrocknetes Basilikum)*
*2 dl trockener Weißwein*
*600 g Miesmuscheln (Moules, Cozze), geputzt und ausgelöst*
*Petersilie, gehackt*

*Sauce. In einer schweren Pfanne Öl erhitzen. Darin Knoblauch bei mittlerer Hitze unter Rühren etwa 30 Sekunden dünsten, bis er weich, aber noch nicht braun ist. Die Tomaten zugeben. Mit Salz, Pfeffer und Basilikum abschmecken. 3 bis 4 Minuten bei starker Hitze kochen, mit Weißwein ablöschen und bei reduzierter Hitze 50 bis 60 Minuten simmern lassen. Das Muschelfleisch zugeben. Die Mischung etwa 10 Minuten weitersimmern lassen.*

*Spaghetti. Wie «Spaghetti Caruso», S. 59, zubereiten.*
*Spaghetti in einer Schüssel mit der Sauce vermischen. Petersilie darüberstreuen (aber keinen Käse, er würde den feinen Geschmack der Sauce beeinträchtigen).*

***Ausführungspraxis*** *Nimmt man frische, lebende Muscheln, sollen ihre Schalen geschlossen sein; sind sie geöffnet und schließen sie sich auch nach kräftigem Klopfen nicht, sind sie schon tot und nicht mehr genießbar.*
*Wem der Knoblauchgeschmack zu stark ist, der nehme die Zehen vor dem Servieren heraus; zu diesem Zweck spießt man sie vor dem Zubereiten auf einen Zahnstocher.*

# Barcarola da pesca

## FISCHE

*»Sollt etwa ein Fasttag ankommen,*
*Die Fische mit Freuden anströmen,*
*Da laufet Sankt Peter*
*Mit Netz und mit Köder*
*Zum himmlischen Weiher hinein;*
*Willst Karpfen, willst Hecht, willst Forellen,*
*Gut Stockfisch und frische Sardellen?«*

Ludwig van Beethoven, Dichter in Tönen

So heißt es in einem alten bayerischen Fastenlied. Tatsächlich sind Fische ein nicht nur wohlschmeckendes, sondern auch hochwertiges und preisgünstiges Nahrungsmittel, zudem meist einfach und schnell zubereitet. Warum zögern dann bei uns noch viele, ihn in ihr Küchenrepertoire aufzunehmen? Weil es sie gruselt, mit Fischen zu hantieren? Der Händler bereitet sie auf Wunsch nach allen Regeln vor. Lassen wir also Vorurteile und Hemmungen beiseite und machen wir es *Ludwig van Beethoven* nach, zu dessen Leibspeisen Fische, besonders Forellen, gehörten. Wobei wir uns allerdings lieber auf die eigene als auf des Meisters Kochkunst verlassen. Sein Freund Ignaz von Seyfried schildert nämlich halb erschöpft, halb belustigt, wie Beethoven, auf dem struppigen Haar eine Schlafmütze, um die Hüften eine blaue Küchenschürze, als Koch werkte:

«Nach einer Geduldsprobe von mehr denn anderthalb Stunden, nachdem des Magens ungestüme Forderungen kaum mehr durch kordiale Zwiegespräche beschwichtigt werden konnten, wurde endlich serviert. Die Suppe gemahnte an den in Gasthöfen der Bettlerzunft mild gespendeten Aufhub; das Rindfleisch war kaum zur Hälfte gargekocht und für eine Straußennatur berechnet, und das Gemüse schwamm im Fett und Wasser. Nichtsdestoweniger sprach der Festgeber allen Schüsseln tüchtig zu, geriet durch den zu erwartenden Beifall in einen so rosafarbenen Humor, daß er sich selbst nach einer Person in der Burleske ‹Das lustige Beilager› den Koch ‹Mehlschöberl› titulierte, und suchte sowohl durch das eigene Beispiel als durch unmäßiges Angreifen der vorhandenen Leckerbissen seine saumseligen Gäste zu animieren.»

«Zusammengefaßter, energischer, inniger habe ich noch keinen Künstler gesehen.» (Goethe)

# Forelle blau Beethoven

*Sud. Gemüse und Kräuter in einen großen Topf mit 2 l Wasser geben. Gut durchkochen und mit einer Prise Salz würzen. Den Essig zugießen. Den Sud 15 Minuten simmern lassen. Die letzten paar Minuten Pfefferkörner zugeben.*

*Forellen. Die frisch gefangenen Forellen durch die Kiemen ausnehmen und vorsichtig abspülen, daß die Schleimschicht auf der Haut nicht beschädigt wird (sie läßt den Fisch blau werden).*

*Die Forellen in den kochenden Sud geben, am besten auf einen herausnehmbaren Einsatz. Hitze drosseln — die Oberfläche des Suds darf nur noch leicht wallen, aber nicht mehr kochen — und die Fische darin 7 bis 8 Minuten ziehen lassen. Wenn die Augen weiß hervortreten, sind die Forellen gar.*

*Die Fische auf eine vorgewärmte Platte legen und mit den Petersilienstengeln garnieren. (Die Zugabe von Zitronen ist für mich wie die Begleitung einer Beethoven-Romanze mit vollem Sinfonieorchester: sie deckt alle delikate Feinheit zu.) Dazu Petersilien- oder Salzkartoffeln und zerlassene Butter servieren.*

*4 Forellen, je etwa 150 g*
*je 1 Zwiebel und Karotte (Möhre)*
*1 Stange Lauch (Porree) in Scheiben*
*1 Stengel Bleichsellerie, gewürfelt*
*1 Bd. Petersilie*
*1 Lorbeerblatt*
*Salz*
*1 1/2 dl Wein- oder Estragonessig*
*4—6 weiße Pfefferkörner*
*4 Stengel Petersilie*

*Ausführungspraxis* *Die besten Forellen sind die Bachforellen; die besten Bachforellen sind junge Bachforellen; die besten jungen Bachforellen werden zwischen Mai und Juli gefangen.*

*Es ist ein Zeichen der Frische, wenn die Forellenhaut beim Garen platzt.*

Franz Liszt, Publikums-
liebling im Priesterrock

Der Pianist Karl Czerny stellte Beethoven 1822 einen elfjährigen Schüler vor, in dem nach seinen Worten «die Natur einen Klavierspieler gebildet hat». Auch der Meister war beeindruckt und küßte den Knaben auf die Stirn: «Du bist ein Glücklicher, denn du wirst viele andere beglücken!»

Das Wunderkind hieß *Franz Liszt,* und ein Glückskind blieb er sein Leben lang, ein «Liebhaber in allen Gestalten», dessen scharfgeschnittenes Gesicht und weißhaarige Mähne ihn bis heute zum Sinnbild des Virtuosen werden ließen. Der kühne Pianist, der schöpferische Neuerer und Anreger, dessen Einfluß auf die nachkommende Musik man so recht erst jetzt zu erkennen beginnt, war auch als Mensch allem Schönen zugewandt, ein Freund aller Freuden. Zu Beginn seiner Laufbahn fand er einmal einen fast leeren Konzertsaal vor; kurzerhand lud er die paar Anwesenden zu einem Nachtmahl ein, traktierte sie fürstlich und trug erst dann in kleinem, angeregtem Kreise das Programm vor.

Später spielte er einmal, inzwischen berühmt geworden, am Zarenhofe. Da der Kaiser sich die ganze Zeit laut unterhielt, brach er ab und wartete stumm auf Ruhe. Am nächsten Tag erschienen zwei höhere Polizeibeamte in seinem Hotel in Sankt Petersburg mit der Verfügung: «Der Klavierspieler Liszt, Eltern unbekannt, ungarischer Abstammung, gefährlicher Freidenker und Freund gottloser Persönlichkeiten, liederlicher Geselle, Säufer und Wüstling, wird auf Befehl Seiner Majestät des Zaren wegen ungebührlichen Benehmens ausgewiesen.»

Im Alter zieht sich Liszt eine Zeitlang gar in ein italienisches Kloster zurück und empfängt dort die kirchlichen Weihen. Bald jedoch setzt er, nun im

Der elfjährige Klavierschüler Franz Liszt

schwarzen, talarähnlichen Rock, seine «vie trifourquée», wie er sie selbst nannte, zwischen Weimar, Rom und Budapest fort, ein Priester der Kunst und des Genießens.

# FISCHFILETS ABBÉ LISZT

*10 Filets von Süßwasserfischen (Felchen/Renken, Egli/Flußbarsch oder Forelle), je etwa 100 g*
*Salz*
*1/4 l trockener Weißwein*
*2 Jakobsmuscheln, ausgelöst*
*4 — 6 weiße Pfefferkörner*
*Milch*
*1 trockene Semmel*
*125 g Champignons, geputzt*
*60 g Butter*
*3 Eier, hartgekocht*
*1 EL saurer Rahm (Sahne)*
*1 Eiweiß*
*1 gestr. EL Mehl*
*1/2 dl Cognac*
*1 TL Zitronensaft*

*Fischfilets. In einem großen flachen Topf 8 leichtgesalzene Fischfilets mit dem Wein und dem in Scheiben geschnittenen Muschelfleisch 5 Minuten bei schwacher Hitze garen, zuletzt Pfefferkörner zugeben. Die Filets herausnehmen und warm stellen, die Fischflüssigkeit aufbewahren.*

*Garnitur. 2 Fischfilets mit der in Milch getränkten, trockengedrückten Semmel durch den Wolf drehen. Champignons in Scheiben schneiden und in 20 g Butter sautieren, das Gelb der harten Eier mit einer Gabel zerdrücken, beides zur Fisch-Semmel-Masse geben. Die Masse in Häufchen auf den übrigen 8 Fischfilets anrichten*

*Sauce. In einem Topf 40 g Butter und Mehl zerlassen. Vom Feuer nehmen, 1 Tasse Fischflüssigkeit hineingießen. Die Sauce bei schwacher Hitze unter Rühren kochen, bis sie glatt und sämig ist wie eine Terzenpassage von Liszt, gespielt von Wladimir Horowitz. Mit Cognac und Zitronensaft abschmecken.*

*Die Fischfilets mit der Garnitur in einer feuerfesten Form anrichten. Sauce darübergießen. Bei schwacher Hitze noch etwa 2 bis 3 Minuten garen, sofort servieren.*

*Ausführungspraxis* *Fischfleisch bleibt fest und weiß, wenn man es 15 Minuten vor dem Zubereiten mit etwas Zitronensaft beträufelt.*

*Fische dürfen nie in sprudelnd kochendem Wasser gegart werden, sonst wird ihr Fleisch trocken und faserig; man pochiert sie nur: bei sehr schwacher Hitze leise garziehen, je nach Größe und Dicke 5 bis 15 Minuten.*

*Jakobsmuscheln sind bei uns nicht immer frisch erhältlich; für dieses Rezept genügen aber die bereits ausgelösten, tiefgefrorenen.*

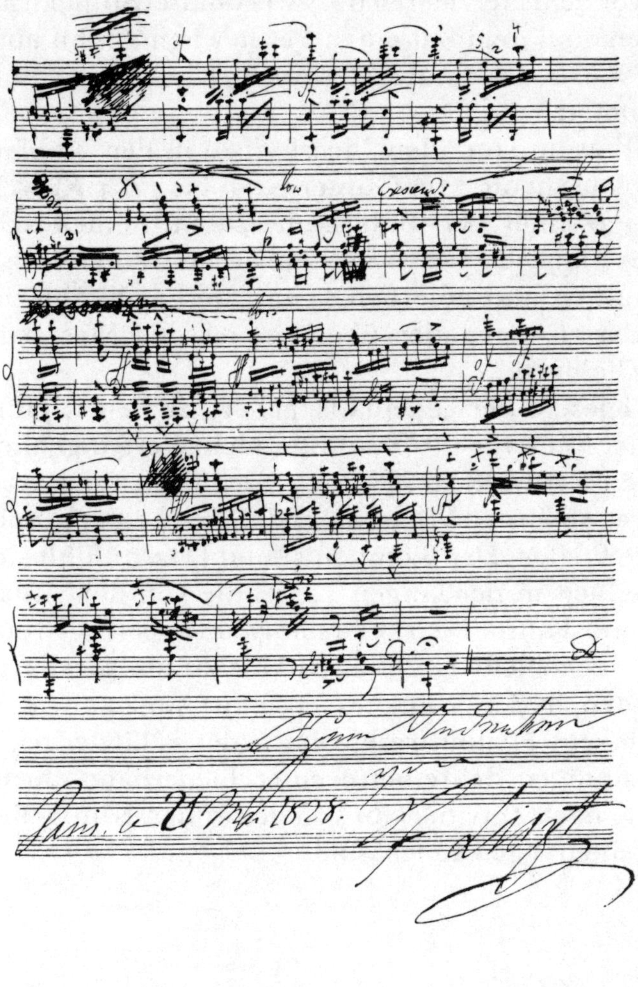

Die Handschrift
Franz Liszts

Wie Fischers Fritze, sollten auch wir uns nur mit frischen Fischen abgeben. Sie lassen sich daran erkennen, daß ihre Augen noch klar sind und die Kiemen frisch rot; der Fisch darf zwar kräftig riechen, aber nicht stinken, sein Fleisch soll fest und feuchtglänzend sein.

Glücklicherweise können auch wir Binnenländer heute Meerfische fangfrisch genießen: wenn sie, wie das inzwischen üblich ist, an Bord des Fischerschiffs direkt aus dem Netz tiefgekühlt werden. Dann braucht man sie vor dem Herrichten nur zwei bis drei Stunden aufzutauen, und man hat einen Fisch, wie man ihn auch an der Küste oder im Hafen nicht frischer und saftiger bekommt.

Warum von allen Meerfischen in den Köpfen der Künstler heute, von Günter Graß bis *Peter Kiesewetter,* ausgerechnet der Butt umherzuschwimmen scheint, jenes platte Ungetüm, das äußerlich so mythisch mißgestalt ist und innerlich so zart und wohlschmeckend — das zu ergründen überlasse ich den Meerestiefenpsychologen.

Kiesewetter jedenfalls gehört zu jener jüngeren Generation, für die Tradition nicht Vergangenheit ist, sondern Anstoß zu Neuem, sie ist für ihn, der auch die Orgel spielt, ein Blasebalg, der frische Luft treibt in neue Pfeifen. Der Komponist und Dozent fühlt sich als ein Glied in der langen Kette, die von den Anfängen unserer Kultur bis zur Ars nova unserer Tage reicht.

Dabei bleibt er der alten Musikstadt Augsburg verbunden, in der er aufgewachsen ist, und so benennt er auch sein Heilbuttrezept nach der «Hätzlerin», jener feinsinnigen Schreiberin einer Liederhandschrift, die heute noch Zeugnis gibt von der frühen Kunstpflege in der ehemaligen Reichsstadt.

# Heilbutt Clara Hätzler

800 g Heilbutt, in 4 Scheiben (Koteletts) zerteilt
80 g Butter
1 Zwiebel, in Ringe geschnitten
3 dl trockener Weißwein
Stengelspitzen Dill
15 Koriandersamen
1 Knoblauchzehe, zerdrückt
1 TL Tomatenmark
1 Msp. Tapioka (Perlsago)
½ Stange Lauch (Porree)
½ Karotte (Möhre)
½ Fenchelknolle, geschält
1 Zucchino, entstielt
Salz, Pfeffer
1 dl Rahm (Sahne)

*Sud. In einer Pfanne 1 EL Butter zerlassen, darin Zwiebel anschwitzen. Mit Weißwein ablöschen. Gewürze, kleingeschnittene Gemüse und Tapioka zugeben, mit Salz und Pfeffer abschmecken. 5 Minuten kochen lassen.*

*Die Fischscheiben 10 Minuten im Sud ziehen lassen und dann auf einer Platte anrichten.*

*Sauce. Sud passieren und etwas einkochen. Vorsichtig restliche Butter in Flocken darunterziehen. Zum Schluß Rahm zugeben und nachwürzen.*

*Fischkoteletts mit der Sauce überziehen.*

*Peter Kiesewetter serviert seinen Heilbutt mit körnigem Curryreis. Ich selbst habe gegen diese etwas geschmacks-intensive Zugabe Bedenken und ziehe eine neutralere vor. Sehr einverstanden bin ich hingegen, wenn er als Tafel-musik dazu die barock-festliche Musik des zu lange vergessenen böhmischen Meisters Jan Dismas Zelenka empfiehlt.*

***Ausführungspraxis*** *Damit das Fischfleisch nicht zerfällt, wird die Haut beim Garen nicht abgezogen.*

*S. a. Ausführungspraxis «Fischfilets Abbé Liszt», S. 70.*

# Steinbutt Aïda

*800 g Steinbutt, gesäubert und entgrätet*
*200 g Spinat, Blattstiele entfernt*
*60 g Frühlingszwiebeln oder Schalotten*
*30 g Petersilie*
*100 g Butter*
*Salz, weißer Pfeffer*
*2 1/2 l trockener Weißwein*
*50 g frische weiße Semmelbrösel*

*Spinat, Zwiebeln oder Schalotten, Petersilie feinhacken und mischen.*

*Feuerfeste Form mit Butter einfetten. Die halbe Gemüsemischung auf dem Boden verteilen, mit Salz und Pfeffer abschmecken. Den Fisch flach darauf ausbreiten und ebenfalls leicht abschmecken. Den Rest der Gemüsemischung darübergeben, nochmals abschmecken. Mit Weißwein übergießen, Brösel gleichmäßig darüberstreuen. Rest Butter zerlassen und über die Brösel geben.*

*Im vorgeheizten Backofen den Fisch 15 bis 20 Minuten bei starker Mittelhitze (230° – Stufe 5) backen, bis die Bröselkruste braun und knusprig ist.*

***Ausführungspraxis*** *Fisch und Gemüse gehörten zu den festen Bestandteilen des Speisezettels von Giuseppe Verdi, der sein Gut Sant'Agata selbst bewirtschaftete und ein guter Koch war; den Steinbutt bezog er aus dem Mittelmeer, er schmeckt im Winter am besten.*

*Da die Gemüseunterlage den Fisch vor der direkten Hitze schützt, kann er ausnahmsweise bei stärkerem Feuer gegart werden.*

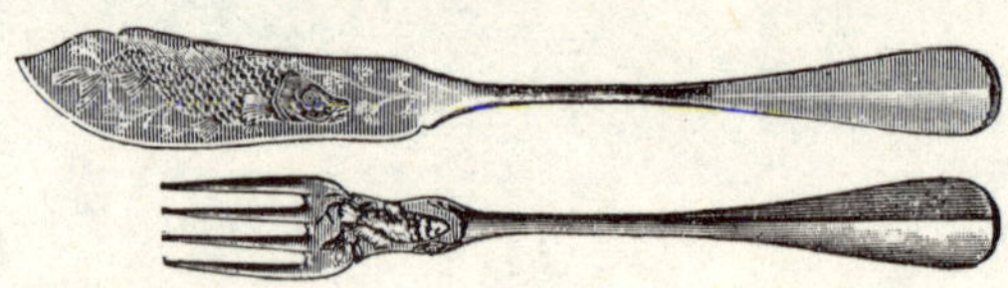

Ein Opernkomponist in des Wortes innerster Bedeutung war *Giuseppe Verdi*: Seine Gestalten leben, lieben und sterben, um zu singen, in einer Natürlichkeit, die höchste Kunst ist. «Er weinte und liebte für uns alle», sagte ein Dichter. 1869 stand in Ägypten die Eröffnung des Suezkanals und eines Opernhauses bevor, und der Khedive Ismail Pascha erteilte Verdi den Auftrag, diese Ereignisse mit einem neuen Werk zu feiern. Am 24. Dezember 1871 wurde «Aïda», so benannt nach einer äthiopischen Sklavin, in Kairo uraufgeführt. Die Oper hatte durchschlagenden Erfolg und kam wenig später nach Italien.

Teresa Stolz,
die erste «Aïda» in der
Scala Mailand

Giuseppe Verdi,
der Shakespeare der
dramatischen Musik

Ein biederer Landsmann, der darauf offenbar aus kritischer Gewissenhaftigkeit gleich zweimal nach Parma fuhr, sich dort die «Aïda» anzuhören, schrieb dem Komponisten enttäuscht: «Sehr geehrter Herr Verdi! Die Oper enthält absolut nichts, was begeistert und packt; wenn die pomphaften Dekorationen nicht wären, würde das Publikum nicht bis zum Schluß ausharren. Sie können sich, lieber Herr Verdi, meinen Verdruß vorstellen, für diese beiden Vorstellungen 32 Lire ausgegeben zu haben. Ich bitte Sie daher freimütig, mir die Summe gefälligst zu ersetzen; ich lasse die Rechnung folgen:

| | |
|---|---|
| Hinfahrt per Bahn | 2.60 Lire |
| Rückfahrt | 3.30 Lire |
| Theater | 8.00 Lire |
| Miserables Essen auf dem Bahnhof | 2.00 Lire |
| Summa | 15.90 Lire |
| Dieselbe Summe | × 2 |
| Summa summarum | 31.80 Lire |

Verdi ließ dem Briefsteller 27.80 Lire überweisen mit dem Vermerk, er wolle das Abendessen nicht auch noch übernehmen, der Schreiber hätte zu Hause essen können.

«Wir armen Zigeuner, Scharlatane und was sonst Du noch willst», schrieb Verdi einmal seinem Verleger, «wir sind nun einmal dazu verpflichtet, unsere Träume, unsere Gedanken, unsere mühevolle Arbeit um Geld zu verkaufen — das Publikum erwirbt um drei Lire das Recht, uns zu applaudieren oder uns auszupfeifen. Wir müssen uns dreinfügen, das ist unser Schicksal!»

Peter Iljitsch Tschaikowsky, Komponist im Zwielicht zwischen Ost und West, zwischen Sentiment und Sentimentalität

Der natürliche, in sich selbst ruhende Verdi, der seine Kraft aus dem schönen Landsitz in der Emilia schöpft, und sein Zeitgenosse *Peter Iljitsch Tschaikowsky,* der von Zweifeln und Depressionen heimgesucht wird — kein stärkerer Gegensatz läßt sich denken. Es überrascht deshalb nicht, wenn der Russe und Weltbürger lange zu den Opern des Italieners keinen Zugang fand: «Dieser Sohn des sonnigen Südens hat viel an seiner Kunst gesündigt, indem er die ganze Welt mit seinen abgeschmackten Leierkastenmelodien überflutete.» Um so verblüffender und aufschlußreicher ist für den aufmerksamen Musikfreund die Entdeckung, daß beide unabhängig voneinander für die Schilderung der Liebe die fast gleiche, nur rhythmisch abweichende Melodie erfanden: Tschaikowsky für die Tatjana im «Eugen Onegin», Verdi für die Desdemona im «Othello».

Tschaikowsky, dessen Leben eine Symphonie pathétique war oder, anders herum, dessen «Symphonie pathétique» in Tönen offenbart, was er nicht sagen konnte, litt zeitlebens an seiner Homophilie, die damals — wie zwar in unserer ach so aufgeklärten Zeit vielerorts heute noch — für die Öffentlichkeit mehr Laster war als Veranlagung. «Mir scheint», schrieb er in einem ergreifenden Brief an seinen Bruder, «als ob meine ‹Neigungen› das größte Hindernis sind, glücklich zu werden.» Und später: «Wollte man fragen, ob ich die Fülle des Glücks in der Liebe gefunden habe, so muß ich antworten: nein, nein, dreimal nein!!! Wenn Sie mich aber fragen, ob ich die ganze Fülle, die ganze unerschöpfliche Kraft der Liebe kenne, so antworte ich: ja, ja, dreimal ja! Ich wiederhole, daß ich mehrfach versucht habe, in meiner Musik die Qual und die Seligkeit der Liebe auszudrücken. Ob mir das gelungen ist, weiß ich nicht, das mögen andere entscheiden.»

# Seezungenfilets Tschaikowsky

*8 Seezungenfilets*
*4 kurze, gerade Gurken, geschält, längs halbiert und entkernt*
*160 g Butter*
*Salz, weißer Pfeffer*
*Zitronensaft*
*4 mittlere Schalotten, gehackt*
*3 EL Petersilie, gehackt*

*Gurken. Die Gurkenhälften in 30 g Butter halbweich dünsten. Mit Salz und Pfeffer abschmecken, nebeneinander in eine mit Butter ausgestrichene feuerfeste Form legen. Warm halten.*

*Seezungenfilets. Seezungenfilets kalt abspülen, trockentupfen, mit Salz, Pfeffer und etwas Zitronensaft abschmecken. In 30 g Butter bei mittlerer Hitze kurz anbraten.*

*Die Seezungenfilets auf die Gurkenhälften in der Form legen. Zugedeckt oder im vorgeheizten Ofen bei mittlerer Hitze (200° — Stufe 4) etwa 10 Minuten garen.*

*Sauce. In einer Pfanne 100 g Butter zerlassen. Die Schalotten darin glasig dünsten, Petersilie beifügen.*

*Die Seezungenfilets mit der Sauce übergießen.*

***Ausführungspraxis*** *Was der wehmütige Ziehharmonikaton für Rußlands Musik, ist die Gurke für seine Küche. Ihre Verbindung mit Fisch schmeckt so apart wie die russische Melodik unter europäischem Firnis in den Werken Tschaikowskys.*

*Wie Steinbutt, schmeckt auch Seezunge im Winter am besten.*

In Tribschen über dem Vierwaldstättersee wird 1869 Richard Wagners einziger Sohn, Siegfried Helferich, geboren. Die Mutter ist Cosima, Tochter Franz Liszts und damals noch Frau des Dirigenten Hans von Bülow.

Draußen im Stall steht das Kutschpferd «Roß Grane», und im Park stolziert das Pfauenpaar «Freia» und «Fricka» unter Bäumen. Programm wie alles, was Richard Wagner um sich herum inszenierte, sind auch die Vornamen des Kleinen: ihm und Frau Cosima bringt er als Glückwunsch das «Siegfried-Idyll» dar mit Themen aus dem Bühnenspiel «Siegfried», das damals gerade entstand, «O Siegfried, Herrlicher, Hort der Welt!» Wie der Sproß eines Landedelmanns wird Jung Siegfried von Hauslehrern erzogen.

Zwar neigt er zuerst der Baukunst zu und entwirft unter anderem das Mausoleum, in dem der vergötterte Großvater Liszt auf dem Bayreuther Friedhof ruht. Später aber setzt er seine musikalischen Studien fort, komponiert gar Opern und übernimmt 1909 aus der Hand seiner gebieterischen Mutter die Leitung der Festspiele in Bayreuth.

Als er dort einmal — im Gerede sind immer wieder die erotischen Eskapaden Richard Wagners — ein Kaffeehaus betritt, empfängt ihn ein Ober devot-maliziös: «Schöne Sachen hab' ich da von Ihrem Herrn Vater gehört.» «Was soll das heißen?» begehrt Siegfried auf. «Na», weicht der also Angefahrene rasch aus, «den ‹Lohengrin› zum Beispiel.»

Als Komponist schritt *Siegfried Wagner* auf den Pfaden seines Lehrers Humperdinck durch den deutschen Märchenwald, als Gralshüter des Erbes seines Vaters half er niebelungentreu das Bayreuth-Gold horten und mehren. «Sollte ich dereinst», sagte er von sich, «wegen irgendeiner Sünde in die Hölle kommen, so möchte ich mir wenigstens vom Teufel die Gunst erbitten, daß ich nicht in die Abteilung der Faulpelze, auch nicht in die der Lügner komme.»

Siegfried Wagner,
Erbe eines großen Vaters
und einer starken Mutter

# HERINGSFILETS SIEGFRIED WAGNER

*8 Matjesheringe oder*
*4 Salzheringe, filetiert*
*Zitronensaft*
*1 Zwiebel, gehobelt*
*1 TL Petersilie, gehackt*
*2 Eigelb*
*1 TL Senf, mittelscharf*
*1/4 l Pflanzenöl*
*2 EL Essig*
*Salz, Pfeffer*
*Ad libitum:*
*Milch (Samenflüssigkeit)*
*von 1 — 2 Heringen*

*Heringe. Die Heringsfilets 3 bis 6 Stunden mit etwas Zitronensaft in Wasser einlegen, dann abtropfen und durch klares Wasser ziehen. Trockentupfen und in einer flachen Schale anrichten.*

*Sauce. In eine Schüssel Zwiebel, Petersilie, Eigelbe und Senf geben. (Wer sie auftreiben kann, gibt noch gesiebte Heringsmilch zu.) Mit Holzlöffel, Schneebesen oder Handrührer gut verquirlen. Zuerst tropfenweise, dann in dünnem Strahl Öl unterrühren. Wenn die Mischung steif zu werden beginnt, mit Essig, Salz und Pfeffer abschmecken. Restliches Öl zugeben und kräftig weiterrühren, bis eine Art Mayonnaisesauce entsteht.*

*Die Sauce über die Heringsfilets geben.*

*Ausführungspraxis Die zartesten Heringe sind die jungen Matjes vor der Laichzeit, wie sie von Ende Mai bis im Juni fangfrisch erhältlich sind; sie brauchen dann fast oder gar nicht gewässert zu werden.*

*Eigelbe, Öle und Essig müssen vor der Verwendung Zimmertemperatur haben.*

# *Toccata di carne*

## FLEISCH

Früh schon entdeckte der Mensch das Feuer, und bald, dürfen wir annehmen, briet er darauf die erlegten Tiere. Wie die Jagd, so blieb auch die Zubereitung und — das Vertilgen des Fleischs lange Männersache, denn es gibt Kraft und Leben, von der kargen Fleisch- und Blutsuppe der Spartaner bis zum Beef des ehrenwerten Mr. Pickwick. Kein Wunder deshalb, daß besonders die Sänger zur fleischfressenden Spezies gehören, sie müssen nämlich eine starke Konstitution haben.

Der Bassist *Fjodor Iwanowitsch Schaljapin* zum Beispiel, ein Riese des Gesangs, dem nach den Worten Gorkijs «die Pratze des Daseins das Fell gehörig zerzaust hat», imponierte nicht nur durch seine profunde Stimmgewalt, sondern auch durch seinen Appetit. Als er einmal vor einem Abendessen gebeten wurde, etwas zum besten zu geben, lehnte er barsch ab: «Wenn Sie mich zu Tisch bitten, müssen Sie mich füttern. Wenn Sie zu singen bitten, müssen Sie zahlen.»

Fjodor Schaljapin, gezeichnet von seinem Sohn Boris

Während eines Gastspiels in Chicago pflegte der Sänger jeden Tag in einem Fleischerladen ein appetitlich duftendes Beefsteak vom Rost zu verzehren. Lächelnd willigte er ein, daß der Metzgermeister seine Steaks fortan mit seinem Bild verkaufte. Jahre später stürzte in Paris ein Mann auf ihn zu und umarmte ihn. Der Künstler wehrte ab: «Was wollen Sie? Wer sind Sie?» Es war niemand anderer als jener Fleischer aus Chicago, den die Schaljapin-Steaks reich gemacht hatten. «Hol Sie der Teufel», rief Schaljapin aus, «ich habe mir durch das viele Beef-Essen die Gicht geholt!»

Das Rezept für Steaks, wie er sie liebte, zeugt ebenso für Schaljapins «schirokaja natura», wie das die Russen nennen, für seine kraftvolle, großzügige Natur, wie seine unvergessenen Darstellungen eines «Boris Godunow» oder «Mefistofele».

# Schaljapin-Steak

*4 Filetsteaks vom Rind zu je 150 — 180 g, etwa 2,5 cm dick*
*1 EL Speiseöl*
*schwarzer Pfeffer*
*2 EL Zwiebelsaft (im Mixer püriert)*
*50 g geklärte Butter*
*Salz*
*4 große Zwiebeln, feingehackt*
*20 g Ketchup*

*Steaks. Die Steaks mit Öl einreiben, mit Pfeffer würzen und beidseitig mit dem Zwiebelsaft besprenkeln.*

*In einer schweren Pfanne 30 g Butter zischend erhitzen. Die Steaks darin 1/2 bis 1 Minute auf jeder Seite (nicht mit Gabel wenden) scharf anbraten, dann erst salzen. Die Hitze reduzieren und das Fleisch weitere 2 bis 3 Minuten braten, es dabei zwei- bis dreimal wenden. Gar ist es, wenn der Fleischsaft je nach Geschmack rot (blutig — saignant — rare) oder rosa (halb durch — à point — medium rare) heraustritt. (Ganz durchgebratene Steaks sind, was Querstand und Quintenparallelen im strengen Musiksatz: eine Geschmacksverirrung.) Die Steaks auf einer vorgewärmten Platte warm halten und einige Minuten ruhen lassen.*

*Sauce. In der gleichen Pfanne Zwiebeln mit der restlichen Butter kurz glasig dünsten, Ketchup hineinrühren, mit Salz und Pfeffer abschmecken. Die Sauce über die Steaks geben.*

*Ausführungspraxis Manche Nouveaux Cuisiniers rümpfen die Nase über das ordinäre Stück Rindfleisch; wenn aber die drei Voraussetzungen guter Züchter, guter Fleischer, guter Koch zusammentreffen, ist es ein so herzerfrischendes Vergnügen wie eine Baßarie, gesungen von Schaljapin.*

*Das Rindfleisch ist nicht etwa um so zarter, je jünger es ist; es kommt dabei ebenso auf die Mast an (das berühmte französische Charolais-Rind oder das Aberdeen-Angus zum Beispiel ist erst nach drei Jahren schlachtreif).*

*Das Fleisch muß etwa vier Wochen abgehangen haben und aus dem Filetkern quer zur Faser geschnitten sein.*

*Das Fleisch muß vor der Zubereitung Zimmertemperatur haben.*

Fjodor Schaljapin als
wahnverfolgter Zar
in Mussorgskijs
«Boris Godunow»

Mit dem «Tournedos Rossini» kommen wir zu dem Gericht, zu dem Musiker, die mit Anstoß gegeben haben zu diesem Buch: *Gioacchino Rossini* ist der Inbegriff des kulinarischen Musikers, des musikalischen Gourmands. Seine «gioia fisica del ritmo e del suono», die «physische Lust an Rhythmus und Klang», war die Vollendung der Buffonerie und des Brios in der Musik, er übte Kunst wie Leben mit gleicher Fertigkeit. «Was die Liebe für die Seele ist», sagte er einmal, «ist der Appetit für den Leib. Der Magen ist der Kapellmeister, der das große Orchester unserer Leidenschaften dirigiert. Essen, Lieben, Singen, Verdauen sind die vier Akte der komischen Oper, die wir das Leben nennen.»

Es heißt, Rossini habe in seinem Leben dreimal geweint: einmal, als sein «Barbier von Sevilla» ausgepfiffen wurde, ein zweites Mal, als er eine Arie seines Landsmanns Carafa hörte, und schließlich, als ihm auf einer Bootsfahrt ein getrüffelter Truthahn ins Wasser fiel.

Einst saß er mit diesem Carafa zu Tisch. Sie kamen auf Wagner zu sprechen, den Rossini nicht leiden konnte — zu gegensätzlich waren ihre Temperamente —, den der Freund dagegen glühend verteidigte. Ein prachtvoller Stör mit Kapernsauce wird aufgetragen. Rossini füllt Carafas Teller mit viel Sauce und nichts anderem. «Du hast vergessen, mir Fisch zu geben», wirft ihm Carafa vor. «Ich habe es nicht vergessen, ich habe dich nur nach deinem Geschmack bedient. Viel Sauce, kein Fisch — das ist Wagner.»

Wie Rossini in seiner Musik eine preziöse Melodieperle an die andere reihte, hantierte er als Feinschmekker mit den Kostbarkeiten der Küche. Das Tournedos, das er erfand und das seinen Namen trägt, ist ein perfekter kulinarischer Dreiklang: ein erlesenes Stück Rindfleisch, zarte Gänseleber und Trüffeln, die Juwelen unter den Pilzen.

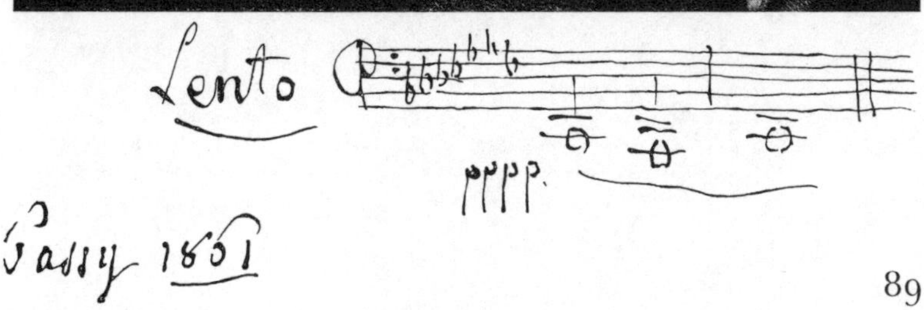


Gioacchino Rossini, Schmeichler der Ohren und Sinne

# TOURNEDOS ROSSINI

*4 Tournedos (Lendenschnitten) zu je 100 — 125 g, 3,5 bis 5 cm dick*
*50 g Speiseöl*
*4 Streifen geräucherter, gesalzener Speck*
*schwarzer Pfeffer*
*50 g Butter*
*Salz*
*4 Scheiben Toastbrot, rund zugeschnitten*
*4 Scheiben Gänseleber*
*1 Trüffel, in 4 Scheiben geschnitten*
*Ad libitum:*
*60 g Butter*
*100 g Champignons, feinblättrig geschnitten*
*1 dl Madeira*
*2 gestr. EL Rahm (Sahne)*
*2 dl Bratensauce*
*1 Trüffel, feingehackt*

*Tournedos. Tournedos mit 1 EL Öl bestreichen. Um jedes mit Küchenschnur einen Speckstreifen wickeln, damit sie ihre runde Form behalten. Mit Pfeffer abschmecken.*

*In einer Pfanne 30 g Öl und 30 g Butter zischend erhitzen. Die Tournedos darin 1/2 Minute auf jeder Seite*

Gioacchino Rossini, Hexenmeister des musikalischen Instrumentariums

*(nicht mit Gabel wenden) scharf anbraten, dann erst salzen. Die Hitze reduzieren und das Fleisch weitere 2 bis 3 Minuten braten, es dabei zwei- bis dreimal wenden. Schnüre und Speckstreifen entfernen. Tournedos im Fett so rollen, daß auch die vorher vom Speck bedeckten Stellen anbraten.*

*Unterlage. Die Scheiben Toastbrot in 20 g Butter rösten, auf einer vorgewärmten Platte anrichten.*

*Die Fleischstücke draufsetzen, jedes mit einer Scheibe Gänseleber und Trüffel garnieren.*

*Sauce (ad libitum). Vor der Zubereitung der Tournedos in einem kleinen Topf 60 g Butter zerlassen. Die Champignons darin anschwitzen. Mit ½ dl Madeira und 1 EL Rahm ablöschen, etwa 3 Minuten kochen lassen. Bratensauce und Rest Madeira unterrühren. Feingehackte Trüffel zugeben. Erhitzen, 1 weiteren EL Rahm zugeben und warm stellen.*

*Die gerösteten Toastscheiben mit 1 EL Sauce überziehen, den Rest der Sauce über die angerichteten Tournedos geben.*

*Ausführungspraxis* *Dies sind die klassischen Tournedos Rossini; sie sind mit allen Zutaten aber, wie ihr Urheber, so verschwenderisch, daß ich mich zufriedengebe, wenn man sie mir mit einer vereinfachten, moderneren Version der Sauce — Bratenfond mit 4 EL Madeira loskochen — oder ganz ohne sie serviert. Auch dann noch ergeben die Bestandteile einen köstlichen kulinarischen Akkord.*

*Gute Tournedos sollen aus dem dünneren Teil des Filetkerns vom Rind quer zur Faser geschnitten sein.*

Von schwerem, ernstem Geblüt war *Johannes Brahms*, dieser Norddeutsche in Wien. «Wenn er einmal besonders gut aufgelegt ist», meinte ein Freund, «dann komponiert er: Das Grab ist meine Freude!» Und von sich selbst sagte Brahms: «Man meint wohl zuweilen, ich sei lustig, wenn ich in Gesellschaft scheinbar mitlache und fröhlich bin. Aber innerlich lache ich nie.»

Deshalb war es ihm auch unangenehm, zu Privatgesellschaften als Tafelaufsatz gewissermaßen geladen zu werden. Als ihm eine Frau Hofrätin eine solche Aufforderung übersandte zusammen mit der Liste der Gäste, damit er die ihm nicht genehmen bezeichne, strich er nur einen Namen: den eigenen. Bei anderer Gelegenheit himmelte ihn seine Tischnachbarin an: «Wie machen Sie es nur, Meister, so wunderbare Adagios zu komponieren?» Ernst antwortete er: «Die Verleger, Gnädigste, bestellen sie so.»

Am wohlsten war es Brahms unter vertrauten Freunden in behaglicher Umgebung. Tag für Tag sahen die Wiener den bärtigen Altgesellen, einen runden Filzhut im Nacken, mit wehenden Rockschößen zum «Roten Igel» eilen, seinem «stachlichten Liebling», sich dort in geselligem Kreise zu erholen und zu stärken. Einmal traf er dort seinen musikalischen Antipoden Anton Bruckner. Als er ebenfalls Geselchtes mit Knödeln und Kraut bestellte, rief dieser erfreut: «Seh'n S', Herr Doktor, wenigstens da san ma der gleichen Meinung!»

Am liebsten aß Brahms in seinem Stammlokal jedoch Gulasch, jenen papriziösen ungarischen Eintopf, der Kraft gibt und einen wohlig wärmt.

Johannes Brahms auf dem Weg zu seinem «stachlichten Liebling», dem Gasthaus «Zum Roten Igel»

# Brahms-Gulasch
## *Gulyás Brahms*

*750 g zartes Rindfleisch*
*40 g Schweineschmalz*
*150 g Zwiebeln, geschält und grob gewürfelt*
*2 EL Paprikapulver, edelsüß*
*1 Knoblauchzehe, zerdrückt*
*Salz, schwarzer Pfeffer*
*je 1 Msp. Kümmel und Rosenpaprika*
*2 1/2 dl Hühner- oder Rindsbrühe, frisch oder aus Würfeln*
*2 1/2 dl Rotwein*
*2 mittelgroße grüne Paprikaschoten, entkernt*
*2 Tomaten, enthäutet und entkernt*
*300 g Kartoffeln, leicht angegart*
*1/2 TL Majoran*
*Rosenpaprika*

*In schwerem Schmortopf Schmalz erhitzen, bis es raucht. Bei reduzierter Hitze Zwiebeln darin unter ständigem Rühren glasig dünsten. Vom Feuer nehmen. Paprikapulver gut unterrühren, einen Schuß Wasser zugießen. Das in etwa 2 cm große Würfel geschnittene Fleisch zugeben. Mit Knoblauch, etwas Salz und Pfeffer sowie Kümmel und Rosenpaprika würzen. Nach und nach Rotwein und Brühe zugeben. Topf halb zudecken, alles bei schwacher Hitze 45 bis 60 Minuten schmoren lassen, bis das Fleisch fast gar ist.*

*Inzwischen die Rippen der Paprikaschoten entfernen und sie in Streifen schneiden. Tomaten grob hacken. Kartoffeln schälen und in etwa 2 cm große Würfel schneiden.*

*Alles zusammen mit dem Majoran zum Fleisch geben. Mit Rest Brühe bei mittlerer Hitze nochmals etwa 30 Minuten schmoren lassen, bis eine dicke Suppe entsteht, die Fleischwürfel gar und die Kartoffeln zerkocht sind. Zum Schluß mit Salz und (vorsichtig!) mit Rosenpaprika abschmecken.*

*«Also essen's die ungarischen Herren gern» heißt es schon in einem mittelalterlichen Kochbuch, und Brahms mag bei diesem Magyarentopf den Gedanken gefaßt haben zu seinen «Ungarischen Tänzen».*

***Ausführungspraxis*** *Gulaschfleisch soll weich sein, aber nicht zerfallen.*

*Gulasch wird aus großen Suppentassen gegessen.*

Das arme Kalb ist ohne seine Schuld in Verruf gekommen. Es, das keine tierwürdige Jugend mehr haben darf, wird in Alchemistenställen mit Arsenpräparaten, Antibiotika, Tranquilizern vollgestopft und damit zum Träger lebensfeindlicher Hormone und Östrogene. Die Bösewichter aber sind wir Verbraucher, die nach weißem Kalbfleisch verlangen, ohne zu bedenken, daß es blut- und vitaminarm ist. Machen wir also diese nicht nur tierfeindliche, sondern auch geschmackliche Torheit nicht mit, bestehen wir beim Fleischer auf rosa durchblutetem Fleisch. Es ist natürlicher, gesünder und wohlschmeckender.

Emmerich Kálmán, Czárdásfürst der Operette

Für diese Achtung vor der Kreatur hätte auch *Emmerich Kálmán* Verständnis gehabt. Als ihm einst in Bad Ischl, damals dem Hauptort der Operettenindustrie, eine Gans vorgesetzt wurde, die kurz zuvor noch fröhlich im Garten umhergewatschelt war, wehrte er ab: «Danke! Ich esse keine persönliche Bekannte!»

Kálmán, der als ihr letzter echter Meister die Wiener Operette mit einer kräftigen Prise Paprika würzte, war sich seines Wertes auf sympathisch bescheidene Weise bewußt: «Ich weiß, daß eine halbe Seite Partitur von Liszt alle meine Operetten aufwiegt. Aber ich weiß auch, daß diese halbe Partiturseite ein gesammeltes, konzentriertes, geistig hochstehendes Publikum verlangt. Daneben darf es doch gewiß Musiker geben, die es nicht verschmähen, die hübsch angezogene, nett klingende musikalische Komödie zu schreiben.»

Und auf den gar nicht leichten Dienst an der leichten Muse verwendeten Kálmán und seine Mitautoren ihre ganze Kraft: «Wir sind Schwerarbeiter. Wir entschließen uns schwer, uns zum Schreibtisch zu setzen, wir entschließen uns schwer, die Feder in die Tinte zu tunken — deshalb arbeiten wir auch alle drei mit Bleistiften, wir entschließen uns schwer, ein Stück aus der Hand zu geben — deshalb feilen wir oft monatelang an einer fertigen Arbeit —, wir entschließen uns schwer, einen neuen Vertrag zu unterschreiben — deshalb schreiben wir auch nur in jedem zweiten Jahr ein Stück —, wir entschließen uns schwer zu einem neuen Stoffe — deshalb muß der Stoff stark und wetterfest sein —, wir entschließen uns schwer, von einem Theater wegzugehen — deshalb muß das Theater, in welchem wir aufgeführt werden, das beste sein —, wir leiden schwer, wenn unsere Stücke vom Repertoire abgesetzt werden — deshalb müssen wir Stücke schreiben, die lange gespielt werden — . . . Aber am schwersten war es doch, nach der ‹Gräfin Mariza› eine neue Operette zu schreiben . . .»

# Kalbsschnitzel Mariza

*8 Kalbsschnitzel zu etwa 125 g, 1 cm dick*
*Selleriesalz, Pfeffer*
*30 g Butter*
*30 g Pflanzenöl*
*12 — 16 Frühlingszwiebeln*
*Fenchelblätter, gehackt*
*Zitronensaft*

*Schnitzel trockentupfen, mit Selleriesalz und Pfeffer abschmecken.*

*In einer großen Bratpfanne Butter und Öl zerlassen. Hitze reduzieren. Wenn Fett nicht mehr schäumt, Schnitzel darin anbraten. Zwiebeln zugeben. Zugedeckt 7 bis 8 Minuten simmern lassen. Fenchelblätter hineinrühren, mit einem Schuß Zitronensaft abschmecken.*

*Ausführungspraxis Schnitzel sollten aus der Kalbskeule quer zur Faser geschnitten sein.*

Wien ist ein Paradox: Die meisten berühmten Wiener stammen wie der Prinz Eugen und Laudon, wie Beethoven und Brahms nicht aus Wien, die meisten echten Wiener Speisen sind ein Produkt nicht der Stadt, deren Namen sie tragen, sondern der alten Völkermonarchie, die Pálffy-Knödel etwa oder die Striezel und Powidltascherln oder das Schnitzel, das zum Wiener Nationalgericht wurde. Und da dieses Wien auch eine Metropole und ein Schmelztiegel der Musik war, sei mir gestattet, noch ein Wiener-Schnitzel-Rezept anzuführen, von einem diesmal, der nicht wie Kálmán vom k. k. ungarischen Plattensee eingewandert war, sondern aus k. k. Böhmen — einem echten Wiener also.

Gustav Mahler,
Herr der Hofoper am Ring

*Gustav Mahler* war ein Musiker der Extreme, der, wie er von sich sagte, «im Traume lebte und im Wachen träumte», dabei aber unerbittlich seine Vorstellung vom Kunstwerk durchzusetzen wußte. Als er 1897, schon ein bekannter Dirigent und Komponist, in die Hofoper einzieht, bricht die neue Direktion, stellt ein Musiker so anerkennend wie erschreckt fest, «über das Operntheater wie eine Elementarkatastrophe herein». Der schlanke, energische Meister mit den markanten Zügen nimmt den Kampf auf mit Bürokratie und Intrige: «Was ihr Theaterleute euere Tradition nennt, das ist nichts anderes als euere Bequemlichkeit und Schlamperei.» Er schimpft, tobt und sorgt dafür, daß die berüchtigte Claque verschwindet, die Türen während der Vorstellung geschlossen bleiben, Orchestergraben und Zuschauerraum angemessen verdunkelt werden, und in langen, aufreibenden und aufregenden Proben zwingt er Sänger und Musiker, «genau das zu spielen, was in den Noten steht».

Nach der Probe telefonierte der Diener, so berichtet Frau Alma Werfel-Mahler, wenn der Meister die Oper

Gustav Mahler,
leidenschaftlicher Mittler
zwischen Romantik und
Moderne

verließ. «Mahler läutete unten im Haus, worauf die Suppe oben im vierten Stock auf den Tisch kommen mußte; die Wohnungstür mußte offen sein, wenn er kam, damit er nicht warten müsse; er stürmte durch alle Zimmer, warf wie ein Sturmwind unnötige Türen vor sich her, wusch sich die Hände, und wir setzten uns zu Tisch.» Zum Schnitzel, das ihm die Köchin nach seinem Geschmack pünktlich zuzubereiten verstand und das seither seinen Namen trägt.

# SCHNITZEL GUSTAV MAHLER

*Schnitzel trockentupfen, mit Salz und Pfeffer abschmecken. Tomaten vierteln, Champignons in Scheiben schneiden.*

*In einer großen Bratpfanne Butter und Öl zerlassen. Hitze reduzieren. Wenn Fett nicht mehr schäumt, Schnitzel darin anbraten. Tomaten, Champignons und Rahm zugeben, mit Parmesan bestreuen. Zugedeckt 7 bis 8 Minuten simmern lassen.*

***Ausführungspraxis*** *Statt Tomaten und Champignons kann man auch andere Gemüse der Saison beigeben.*

*8 Kalbsschnitzel zu etwa 125 g, 1 cm dick*
*Salz, Pfeffer*
*4 Tomaten, geschält und entkernt*
*125 g Champignons, geputzt*
*30 g Butter*
*30 g Pflanzenöl*
*1 1/4 dl saurer Rahm (Sahne)*
*geriebener Parmesankäse*

# Saure Leber Richard Strauss

*600 g Kalbsleber, von Haut und Sehnen befreit, in Scheiben geschnitten*
*40 g Butter*
*1 Zwiebel, gehackt*
*1 EL Petersilie, gehackt*
*1 EL Mehl*
*5 dl Fleischbrühe*
*1 EL Weinessig oder Zitronensaft*
*Salz, weißer Pfeffer*
*1 Prise Zucker*
*Ad libitum:*
*4 EL saurer Rahm (Sahne)*

*Leber. In einer Pfanne Butter erhitzen. Zwiebel und Petersilie darin andämpfen. Leberscheiben hineinlegen und bei starker Hitze unter ständigem Wenden ganz kurz anbraten. Herausnehmen und warm stellen.*

*Sauce. Bratfond mit Mehl bestäuben, mit Fleischbrühe ablöschen. Bis zum Siedepunkt erhitzen, mit Essig oder Zitronensaft, Salz, Pfeffer und Zucker abschmecken. Ad libitum: Nach Geschmack Rahm hineinrühren.*

*Leberscheiben mit Sauce übergießen und sofort servieren.*

*Ausführungspraxis* *Für dieses Gericht kann auch Schweinsleber genommen werden; dann legt man sie vorher in Milch und tupft sie vor dem Braten trocken.*

Ein Nachfolger Gustav Mahlers an der Wiener Staatsoper war *Richard Strauss,* der als Dirigent schon früh auf das Schaffen seines Kollegen aufmerksam gemacht hatte. «Ich werde dies Strauss nie vergessen», sagte Mahler später, «daß er in wahrhaft hochherziger Weise den Anstoß dazu gegeben.»

Dabei war der nur vier Jahre Jüngere das bare Gegenteil des hochgespannten Mahler: ein stoischer Bajuware mit jovialer Glatze und selbstironischem Humor. «Mag sein», gab seine Frau Pauline zu, «daß mei Richardl wie a Philister ausschaut; aber auf'm Papier — da tobt er si aus!» Dazu war Strauss mit einem

Richard Strauss, der Bürger
als Tondichter

ausgeprägten Sinn für die Verbindung von Kunst und Kommerz begabt. «Ich dirigiere und reise jetzt so herum, bis ich genug Geld hab', dann setz ich mich zur Ruh und komponier», nahm er sich in seiner Jugend vor, um dann bis zuletzt, auch wieder nach seinen Worten, doch zwei Leben zu führen, eines am Schreibtisch und eines am Dirigentenpult.

Während der Salzburger Festspiele saß er einmal in einem Restaurant mit Gustav Mahler bei Tisch. Angeregt unterhielten sich die beiden, und alle Umsitzenden horchten gespannt hin, etwas von dem sicher inhaltsschweren Gespräch der Großen zu erhaschen. «Ja, mein Lieber», tönt es mit einemmal in die Stille, «wenn Sie zum Gulasch nicht ebensoviel Zwiebel nehmen wie Fleisch, dann wird's im Leben nix.»

«Ein Komponist, der was z'samm'bringt, muß auch a Speiskarten komponieren können», meinte Strauss einmal. Ob in seiner «Sinfonia Domestica», jener köstlich-intimen Schilderung seines häuslichen Alltags, auch die saure Leber vorkommt, die er sich so gern von Frau Pauline auftischen ließ, habe ich nicht herausgebracht. Möglich wär's — schließlich hat er ja in der Musik zum «Bürger als Edelmann» ein ganzes Diner vertont und im heiteren Ballett «Schlagobers» die berühmte Wiener Zuckerbäckerküche verklärt.

# *Cavatina campagnola*

## Geflügel und Wild

Selten ist ein frommer Wunsch so voll in Erfüllung gegangen wie jener des Königs Henri IV, jeder Bauer möge sonntags sein Huhn im Topf haben. Im Gegenteil: Heute ist das Fleisch dieses bejammernswerten Tiers, das in Geflügelfabriken erbarmungslos hochgepäppelt wird und, wie Ruth Harrison es einmal ausdrückte, nicht mehr leben darf, bevor es stirbt, so kommun und — labbrig wie heiße Würstchen und Hackbraten. Retten wir also seine Ehre und unsern Geschmack, indem wir auf natürlich ernährtes, frei aufgewachsenes Geflügel bestehen, aus dem wir dann so leckere Gerichte zubereiten wie weiland schon Till Eulenspiegel, der die Hühner mit Kräutern füllte «uff welsch Monier», und wie die vom französischen Komponisten *Adrien Boieldieu* überlieferte Poularde.

Obwohl sie ihm damals wohl kaum schon geschmeckt haben würde, als der hoffnungsvolle Schüler aus der Provinz 1795 von den vier Respektskomponisten Cherubini, Méhul, Kreutzer und Jardin zum Diner vorgeladen wurde, das sie regelmäßig abhielten. Vor lauter ehrfürchtiger Scheu brachte der Junge keinen Bissen herunter. Als er danach aufgefordert wurde, sein Talent vorzuführen, nahm er allen Mut zusammen und sang und spielte aus einer gerade erst fertiggewordenen eigenen Oper vor. Mit Beklemmung sah er auf den Notenblättern vor ihm immer wieder den Finger Cherubinis auftauchen, der damit stumm, aber unübersehbar auf Regelwidrigkeiten hinwies. Langsam stieg aber Boieldieus Selbstvertrauen, denn der Mahner erschien immer seltener und blieb schließlich ganz aus. Als der Prüfling sich endlich umdrehte, das Verdikt der vier Gestrengen entgegenzunehmen, mußte er betreten feststellen, daß sie sich alle still verzogen hatten — so wenig hatte die Talentprobe sie überzeugt.

Nun, Boieldieu schaffte und schuf es dennoch — wir verdanken ihm meisterliche Werke, darunter Opern von romanischer Anmut und, zählen wir sie getrost dazu, die besagte Poularde.

Linke Seite:
François-Adrien Boieldieu, Ritter der geistvollen Grazie

# POULARDE BOIELDIEU

*Die gewaschene und trockengetupfte Poularde innen und außen mit Salz und Pfeffer einreiben.*

*Füllung. In einer Schüssel Trüffeln, Gänselebermousse, Schalotten, Petersilie, Schnittlauch, Estragon, verquirltes Ei und Magerquark mit einer Gabel gut vermengen, mit Salz und Pfeffer abschmecken.*

*Die Bauchhöhle der Poularde mit dieser Mischung füllen, die Öffnung mit Bindegarn oder Zahnstochern verschließen. Die Poularde binden und mit Öl einpinseln. Im vorgeheizten Ofen etwa 90 Minuten bei mittlerer Hitze (200° — Stufe 4) langsam knusprig braun braten, dabei immer wieder mit Bratensaft übergießen.*

*Ruhen lassen und nach etwa 5 Minuten mitsamt der Füllung servieren.*

*1 Poularde (Masthuhn) zu etwa 1,5 kg, bratfertig*
*Salz, weißer Pfeffer*
*50 g Trüffeln, gehackt*
*50 g Gänselebermousse (Gänseleberschaum)*
*5 EL Petersilie, gehackt*
*je 1 EL Schnittlauch und Estragon, gehackt*
*1 Ei*
*1 EL Magerquark*
*2 EL Olivenöl*

***Ausführungspraxis*** *Nicht überall ist das berühmte Bresse-Geflügel mit seinem festen, würzigen Fleisch erhältlich; jedenfalls aber besorge man sich ein natürlich gemästetes Tier mit Handelsmarke und Herkunftsbezeichnung.*

*Trüffeln sind eine kostspielige Angelegenheit (mit ihnen habe ich's wie mit dem Kaviar: entweder reichlich oder sonst lieber gar nicht — der fade Trüffelspan auf der Gänseleber, der Klacks Kaviar auf dem Brötchen sind eine Zumutung); man darf sie deshalb durch Champignons ersetzen.*

Lillian Nordica, gefeierte Brünhild in Wagners «Walküre»

Geflügel, sagte der Gastrosoph Brillat-Savarin, ist für die Küche, was die Leinwand für den Maler. Und, könnte man den Vergleich fortspinnen, was für die Malerei die Pastellfarben, ist für die Kochkunst das Küken, das sechs bis acht Wochen alte Hühnchen, auch — sogar in Frankreich — Hamburger Stubenküken genannt, denn dort gehört es seit eh auf den feinen Bürgertisch. Dieses Grundelement deliziöser Menus enthält alle guten Eigenschaften des nützlichen Vogels in besonderem Maße, den zarten Geschmack, die leichte Bekömmlichkeit.

So recht etwas für den empfindlichen Magen einer Primadonna, jener besonderen Gattung von Sängerinnen, die sich verzehren zwischen leidenschaftlicher Hingabe an ihre Kunst und eitlen Intrigen. Die Geschichte der Musik ist voll von solchen Diven, welche die Oper und ihre Komponisten schöpferisch anregten, daneben aber immer wieder auch für Klatsch hinter den Kulissen sorgten.

So eine Bravourdame war die Amerikanerin *Lillian Nordica.* Sie begeisterte zu ihrer Zeit ganze Kontinente, sang in Mailand und Sankt Petersburg, in Paris, Bayreuth und New York. In Amerika reiste sie im eigenen Eisenbahnwagen, einem kleinen Palast auf Rädern, den sie «Brunhilde» nannte; er hatte einen Musiksalon, drei Schlafzimmer, Küche und mehrere Räume für die Bediensteten.

Es paßt zu ihrem extravaganten Leben, daß das Schiff, mit dem die Nordica 1913 eine Abschiedstournee um die Welt unternahm, vor der Küste Neuguineas strandete und sie im fernen Batavia, heute Djakarta, aus einem Dasein schied, das sie voll ausgelebt hatte.

# NORDICA-KÜKEN
## *Poussins Nordica*

*Die Küken innen und außen mit etwas Salz und Pfeffer einreiben.*

*Füllung. In einer Bratpfanne 40 g Butter zerlassen. Zwiebel darin glasig dünsten. Geflügelleber, Kalbfleisch, Petersilie zugeben, salzen und pfeffern. Die Mischung 3 bis 5 Minuten auf mittlerer Hitze rühren. Vom Feuer nehmen, Eigelbe hineingeben.*

*Die Küken mit der Mischung füllen und binden. Jedes mit einer Scheibe Schinken umwickeln. In einer Pfanne 40 g Butter erhitzen, die Küken darin auf allen Seiten leicht anbräunen.*

*Den leicht erwärmten Cognac darübergießen und anzünden. Sobald die Flamme erlischt, mit Madeira ablöschen. Die Küken zugedeckt bei mittlerer Hitze (220° – Stufe 4 – 5) 20 bis 30 Minuten goldbraun braten.*

*4 Küken (Stubenküken) zu je 300 – 400 g, bratfertig*
*Salz, weißer Pfeffer*
*80 g Butter*
*2 EL Zwiebel, gehackt*
*175 g Geflügelleber, gewaschen und geputzt*
*90 g Kalbfleisch, gehackt*
*30 g Petersilie, gehackt*
*4 Eigelb*
*4 dünne Scheiben Rohschinken*
*2 EL Cognac*
*2 dl Madeira*

***Ausführungspraxis** Statt der vier Küken, bei uns oft heimelig-liebevoll «Mistkratzerli» genannt, die 6 bis 8 Wochen alt sein dürfen, kann man auch 2 kleine Poulets (Brathähnchen) nehmen.*

Die Primadonna von der 52nd Street, *Billie Holiday*, war eine der hinreißendsten Interpretinnen jenes Musikstils, der alles in allem unsere Epoche am nachhaltigsten geprägt hat: des Jazz. Und wie viele ihrer Kolleginnen vom ernsten Fach war sie eine begnadete Künstlerin, aber eine unglückliche Frau.

Als hübscher Teenager kam sie mit ihrer Mutter aus Baltimore nach New York, zur Zeit der tiefsten Depression. Hungrig und durchfroren klopfte sie die vielen Bars an der Seventh Avenue ab, eine Arbeit, irgendeine Arbeit zu finden. Sie sei Tänzerin, flunkerte sie. Als sie jedoch aufgefordert wurde, vorzutanzen, kam der Schwindel heraus. Sie könne dafür aber singen, sagte sie in einem Ausbruch letzter Verzweiflung. Irgendwo in einer dunklen Ecke sitzt ein alter Pianist. Ein paar Einleitungsakkorde, die ersten Takte «Body and Soul», und es wird mucksstill in dem sonst so lärmigen Lokal, alles dreht sich nach der kleinen Sängerin um. «O. K., Du hast gewonnen, Du kannst bleiben», sagt der Wirt. Mit den ersten paar Dollars kauft sich Billie etwas zu essen, ein Huhn, und noch später gab es, wann immer sie jemanden zu Gast hatte, meist Huhn, wie es die Südstaatler gern zubereiten, als «Jambalaya» mit Reis.

Trotz allen Erfolgen blieb Billie Holidays Leben ein Kampf mit der Umwelt, mit den sogenannten Freunden, die sie zu Rauschgift verleiteten, und jenen anderen, die nur darauf warteten, die «Niggersängerin» wieder einmal zusammenbrechen zu sehen. «They come to see me get all fouled up . . .», «die wollen nur sehen, wie ich vor die Hunde gehe.» Und sie brach in Tränen aus, als ihr eröffnet wurde, ihre Angehörigen würden zu ihrem Galakonzert nicht zugelassen, weil sie farbig seien. Auf der Bühne dann sang sie sich ihr Herz aus in den Blues von den «Strange Fruit», von den gelynchten

Billie Holiday — der Blues als persönliches Schicksal

Negern, die wie seltsame Früchte an den Bäumen hängen.

Für ihre wenigen Vertrauten blieb sie in allen Höhen und Tiefen eine Dame, die «Lady Day».

# Jambalaya Lady Day

*1 großes Poulet (Huhn) zu*
*1 — 1,2 kg, bratfertig*
*Salz, schwarzer Pfeffer*
*120 g Butter*
*2 mittlere Zwiebeln, gehackt*
*250 g Langkornreis, gewaschen und abgetropft*
*1 Msp. Safranpulver*
*1 Bouquet garni aus*
*1 Lorbeerblatt, 8 Zweigen frischer Petersilie, 1 Zweig Thymian im Säckchen*
*5 dl Hühnerbrühe*
*1 EL Petersilie, frisch gehackt*

*Poulet in Portionenstücke zerteilen, mit Salz und Pfeffer abschmecken*

*In einer Kasserolle 75 g Butter zerlassen, Hühnerstücke hineingeben und bei schwacher Hitze ständig wenden, bis sie gleichmäßig leicht braun sind. Herausnehmen und warm halten.*

*Reis. In einer Pfanne Zwiebeln unter gelegentlichem Rühren in der restlichen Butter glasig dünsten. Nach etwa 3 Minuten Reis zugeben. (Damit alle Körner gut befeuchtet werden, kann man noch etwas Butter unterheben.) Safranpulver darüberstreuen, Bouquet garni hineinlegen und alles unter gelegentlichem Rühren etwa 5 weitere Minuten dämpfen, bis der Reis milchig wird und quellt.*

*Die kochende Hühnerbrühe langsam in den Reis gießen, Hühnerstücke hineingeben. Rasch aufkochen, rühren und zudecken. Im vorgewärmten Ofen bei sehr schwacher Hitze (90° — Stufe 1) 20 Minuten zugedeckt simmern lassen. Vom Feuer nehmen, noch etwa 10 Minuten zugedeckt ruhen lassen, bis der Reis alle Flüssigkeit aufgesogen hat. Das Bouquet garni herausnehmen.*

*Nach Bedarf noch etwas Butter beigeben, mit Salz und Pfeffer abschmecken und mit der Petersilie bestreuen. Aus der Pfanne servieren.*

Mit Primadonnen war auch das Dasein des *Hector Berlioz* verhängt, eines Don Quichotte der Liebe. Er warb um sie überall, bei den Frauen, beim Publikum, aber er wurde nicht erhört. Nach einem fiebrigen Leben zwischen visionären Exaltationen und Bankrotten starb der kühne Pyrotechniker des Orchesterklangs, der Inszenator des musikalischen Riesenspektakels 1869 vereinsamt, aber «ohne Bitterkeit und ohne Groll. Das Leben ist ein Krieg», steht in seinen Memoiren, «ich bin in einen Hinterhalt gefallen.» Heute feiern ihn die Franzosen als einen ihrer Großen.

Hector Berlioz setzte seine abenteuerliche Vita in erregende Musik um

Jahrelang freite Berlioz um die englische Schauspielerin Harriet Smithson — «es ist schwer, ein Leben gleich dem meinen zu beschreiben; das Herzeweh, die schauderhafte Einsamkeit, die Leere der Welt, die tausend Martern, die mir mit dem Blut eisig durch die Adern rinnen, den Abscheu vor dem Leben und die Unmöglichkeit, zu sterben» —, bis sie endlich in eine Heirat willigte. Später jedoch, ihre Naturelle waren zu unverträglich, verband er sich der Sängerin Maria Recio und wurde — wieder unglücklich. Zwischendurch fühlte er sich zur «jungen, schönen, blendenden, berühmten Virtuosin» Adelina Patti hingezogen, die damals am Anfang ihrer Karriere stand.

Eines Abends bat sie ihn bei einem Diner, ihr etwas ins Gästebuch zu schreiben, «nur zwei Zeilen, nur ein paar Worte». Als er zögerte, schmeichelte sie ihm: «Wenn Sie meinen Wunsch erfüllen, bekommen Sie nach Ihrer Wahl einen Kuß von mir oder eine Pastete von meinem Koch, er ist dafür berühmt.» Seufzend fügte sich Berlioz und schrieb: «Oportet pati» — «man muß dulden.» «Was heißt das?» fragte die Patti neugierig. «Das ist Küchenlatein», erwiderte er mit einem

Lächeln, «und heißt: ‹Bringt die Pastete!›» Über den Liebhaber hatte der Feinschmecker Berlioz gesiegt, der eine Vorliebe hatte für Eier und Rebhühner, die feinen Vögel vom Feld.

Hector Berlioz, Architekt des Monumentalen in der Tonkunst

# Rebhuhnragout Berlioz

2 Rebhühner, bratfertig
Salz, Cayennepfeffer
100 g Butter
150 g Champignons, feinblättrig geschnitten
2 EL Kalbs- oder Fleischbrühe
2 EL Madeira
4 Eier

*Rebhühner. Jedes Rebhuhn in sechs Stücke zerlegen (Keulen, Flügel, Brust und Rücken). Diese abtrocknen, salzen und pfeffern.*

*In einem Topf 60 g Butter erhitzen, die Rebhuhnstücke nebeneinander hineinlegen. Auf jeder Seite je 7 bis 8 Minuten hellgolden braten, ohne daß dabei die Butter verbrennt. Das Fleisch herausnehmen, auf einer heißen Platte anrichten und warm halten.*

*Sauce. In die Bratbutter weitere 10 g Butter geben. Champignons darin 2 Minuten anbraten. Mit Salz und wenig Pfeffer abschmecken. Mit Kalbs- oder Fleischbrühe und Madeira ablöschen, leicht aufkochen lassen. Vom Feuer nehmen und 30 g Butter kräftig einrühren.*

*Eier. Die Eier je nach Größe in 6 bis 8 Minuten wachsweich kochen, unter kaltem Wasser abkühlen. Behutsam aufklopfen und schälen.*

*Die Eier auf die Rebhuhnstücke legen, alles mit der Sauce übergießen.*

***Ausführungspraxis*** *Rebhühner kommen heute (leider) meist aus der Geflügelfarm; beißen Sie also einmal auf ein Schrotkorn, jammern Sie nicht: Sie haben dann die Gewähr, daß der Vogel in freier Wildbahn geschossen wurde. Immer aber muß er jung sein, sein Schnabel schwarz und scharf, seine Füße (Ständer) leicht gelblich oder braun.*

# Rehrücken Smetana

*1 Rehrücken zu etwa 1 kg, gehäutet und entsehnt*
*3 EL Zitronensaft*
*100 g Olivenöl*
*8 – 10 Wacholderbeeren*
*Salz, weißer Pfeffer*
*150 g dünne Spickspeckscheiben*
*1 Zwiebel, in Ringe geschnitten*
*1 Ringel Zitronenschale, etwa 8 mm lang*
*1 dl Essig*
*100 – 200 g Butter*
*3 dl saurer Rahm (Sahne)*
*2 Orangen*
*160 g Preiselbeeren*

*Marinade. Den Rehrücken mit der fleischigen Seite nach unten in eine längliche Form legen, mit Zitronensaft und Öl begießen. Etwa 3 Stunden an einem kühlen Ort durchziehen lassen, ab und zu wieder mit der Flüssigkeit übergießen. Das Fleisch aus der Marinade nehmen, abtropfen lassen und sorgfältig trockentupfen.*

*Rehrücken. Die Wacholderbeeren mit 1 TL Salz zerstampfen, in das Fleisch einreiben. Den Rehrücken auf die Saftpfanne des Bratofens legen, die Speckscheiben darauf verteilen. Zwiebelringe, Zitronenschale, Essig zugeben und mit 100 g zerlassener Butter übergießen. Im vorgeheizten Ofen bei mittlerer Hitze (175° – Stufe 3 – 4) 5 bis 10 Minuten braten. Mit 1 dl saurem Rahm übergießen, weitere 10 Minuten braten, zwischendurch immer wieder mit der Fettflüssigkeit beträufeln und nach und nach 1 weiteren dl Rahm zugeben. Rehrücken umdrehen und weiterbraten, bis er außen braun, innen aber immer noch leicht rosa ist. Den Rehrücken auf einer Platte anrichten, das Fleisch von den Knochen lösen und in Scheiben schneiden. Nach Geschmack nochmals mit 100 g zerlassener Butter übergießen, warm stellen.*

*Sauce. Die Bratflüssigkeit passieren, mit Salz und Pfeffer abschmecken. 1 dl Rahm einrühren. Das Fleisch mit einem Drittel der Sauce übergießen, den Rest separat reichen.*

*Garnitur. Aus den halbierten Orangen das Fruchtfleisch aushöhlen, die Hälften mit den Preiselbeeren füllen.*

*Ausführungspraxis Dies ist ein altmodisches Rezept, ursprünglich noch mit längeren Bratzeiten und Spick-*

*streifen; heute zieht man das Wildfleisch natürlich vor und ohne viel Firlefanz. Die geschilderte üppigere Variante ruft jedoch Erinnerungen wach an Böhmens Hain und Flur, wie sie Bedřich Smetana so poetisch besungen hat.*

*Beigefügt sei, daß ich persönlich Rehfleisch weder nach der heutigen Mode ganz frisch noch wie früher mit starkem Hautgout mag; für mich sollte das Reh einige wenige Tage abhängen, und zwar am liebsten ein Schmalreh, das keine Kitze gehabt hat und zwischen Oktober und November erjagt wurde.*

Bedřich Smetana, der aus Natur und seinem Leben Musik machte

Es widerstrebt mir, in der Geschichte der Musik und ihrer Künstler nichts als eine trübe Folge von Schicksalsschlägen und, sagt man heute, Frustrationen zu erblicken. Und doch, es ist etwas dran: nach dem unglücklichen Berlioz, von dem man meinen könnte, er habe seine entsagungsreiche «Vie d'un artiste» erst leben müssen, um sie dann in Tönen nachdichten zu können, zu *Bedřich Smetana,* den ein anderes, aber gleichfalls bitteres Los traf, das Leiden auch Beethovens — mit fünfzig Jahren, nachdem ihn sein Gehör schon lange mit schmerzhaften Halluzinationen gequält hatte, wurde er taub. Sein Kampf gegen diese Heimsuchung läßt sich in seinen Werken aus jener Zeit verfolgen: Mit heftigen Fortissimo-Stellen, Trommelwirbeln und Dissonanzen versuchte er zu erproben, ob nicht doch ein Ton noch an sein Ohr dringe. Vergebens, er mußte sich in sein Schicksal fügen, und zehn Jahre später, 1884, starb der Unglückliche, zerrüttet und in materieller Not, in der Prager Anstalt für Geisteskranke.

Smetana war gleich Berlioz ein Dichter in Tönen, aus dem bald zärtlich, bald derb dahinströmenden Moll der tschechischen Volksmusik schuf er ein nationales Idiom und ein übernationales Kunstwerk. Seine Volksoper «Die verkaufte Braut», das Streichquartett «Aus meinem Leben» und der sechsteilige Orchesterzyklus «Mein Vaterland», sie sind Bekenntnis und Zeugnis der Verbundenheit mit seiner Heimat. Eine dieser Tondichtungen, «Aus Böhmens Hain und Flur», ist ein hinreißender Hymnus auf die Schönheit dieser Gegend, in welcher Natur, Fauna und Leute eins waren und Gastlichkeit des Herzens und der Tafel herrschte.

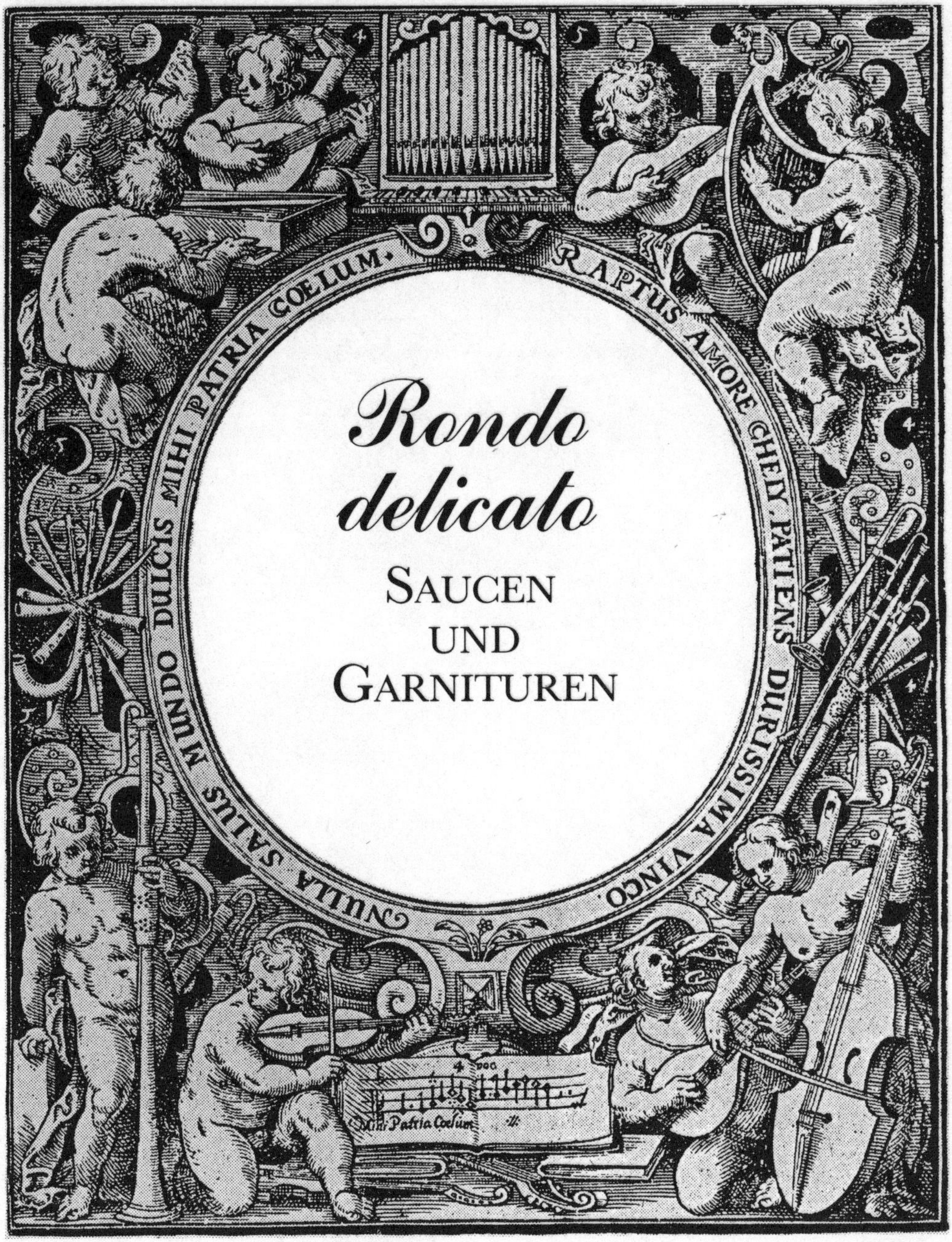


# *Rondo delicato*

## SAUCEN UND GARNITUREN

Bisher hatten wir es mit Musikern zu tun, deren Name uns neben ihren künstlerischen Verdiensten auch in der Gastronomie begegnet, als appetitlicher Pralltriller sozusagen über ihrem Wirken. Nun kommen wir zum seltenen Fall, wo ein Meister der Musik, sonst fast vergessen, nur noch in einem Rezept weiterlebt.

*Alexandre Choron* hat als Erzieher und Musiktheoretiker das Auf und Ab zwischen der Französischen Revolution, dem Empire Napoleons und der Restauration unter dem Bürgerkönig Louis Philippe erlebt und überlebt. Er war ein rundum gebildeter Mann, sprach Italienisch, Deutsch, Hebräisch und verstand sich auch auf die Mathematik. Daneben erwarb er sich Verdienste um die Musikbildung in seiner Zeit, veröffentlichte er Werke damals noch unbekannter Tonkünstler wie Josquin Desprez und Palestrina, verfaßte er ein «Dictionnaire historique des Musiciens». Heute nur noch ein Lexikonname, führte er als einer der ersten in Frankreich Bach, Händel und Mozart auf. Unsterblich geworden ist er aber durch die «Sauce Choron», die zu einer der klassischen Saucen der französischen Küche geworden ist.

«La sauce est le triomphe du goût dans l'alimentation», schrieb Balzac, «die Sauce ist der Triumph des Geschmacks in der Ernährung». Deshalb nimmt in der Küchenhierarchie auch der Chef Saucier nach dem Chef des Cuisines — der meist auch einmal Saucier war — den zweiten Rang ein. Fernand Point, einer der begnadeten Köche unseres Jahrhunderts, bestätigte das: «Im Orchester der großen Küche ist der Saucier ein Solist.» Er muß sich auf gegen zweihundert Saucen verstehen, die alle ein Gericht verfeinern und verzieren wie die Schnörkel der Fiorituren eine Melodie. Darunter die «Sauce Choron», nichts anderes als, wie der Kenner bald merken wird, eine Sauce béarnaise, angereichert und leicht gefärbt mit etwas Tomatenpüree.

Eine gute Sauce erkennt man beim Franzosen daran, daß er nach dem Mahl ein Stück Weißbrot nimmt und damit den letzten Rest von ihr genüßlich aufstippt — wenn er hierfür nicht nach der nouvelle mode einen flachen Saucenlöffel benützt. Dem Feinschmecker wird es mit der adagioweichen «Sauce Choron» nicht anders gehen.

# Sauce Choron

*2 Schalotten, feingehackt*
*2 EL Estragonblätter, gehackt*
*1 EL Kerbelblätter, gehackt*
*5 weiße Pfefferkörner, grob zerstoßen*
*1 EL trockener Weißwein*
*3/4 dl Estragon-, ersatzweise Weißweinessig*
*3 Eigelb*
*180 g Butter in kleinen Würfeln auf Zimmertemperatur*
*1—2 EL Tomatenmark*
*Salz, weißer Pfeffer*

*Kräuterextrakt. In einem kleinen Topf Schalotten, 1 EL Estragon, Kerbel und Pfefferkörner in Wein und Essig bei schwacher Hitze zirka 15 bis 20 Minuten auf etwa die Hälfte der Flüssigkeit einkochen. Vom Feuer nehmen, passieren und erkalten lassen.*

*Sauce. Den Kräuterextrakt in den Topf zurückgießen, bei sehr schwacher Hitze Eigelbe mit dem Schneebesen unterschlagen. Nach wenigen Sekunden 1 EL Butter hineingeben und im Wasserbad rühren, bis sie sich zerlassen und mit dem Kräuterextrakt verbunden hat. Nach und nach die restliche Butter hineinrühren und die Sauce weiterschlagen, bis sie dick wird.*

*Topf aus dem Wasserbad nehmen und eventuell weiterrühren, bis die Sauce steif cremig ist. Tomatenmark hineinrühren, 1 EL Estragon zugeben, mit Salz und Pfeffer abschmecken. Sofort lauwarm servieren.*

*Paßt zu gebratenem oder gegrilltem dunklem Fleisch, zu Fisch vom Grill oder zu feinem Gemüse wie Spargel.*

Choron und Véron waren Zeitgenossen, aber war jener eher ein gelehrter Theoretiker, war dieser ein Mann der Praxis, der Geschäftspraxis. Der Docteur *Louis-Désirée Véron* hatte mit Hustenbonbons ein Vermögen gemacht, bevor er 1831 die Pariser Oper übernahm. Heinrich Heine beschreibt maliziös-scharfsichtig die Prinzipien des lebenslustigen Unternehmers, dessen gerötetes Gesicht von einem hohen Vatermörder eingerahmt wurde:

«Wie er als Apotheker eine vortreffliche Mixtur für den Husten erfunden hat, so erfand er als Operndirektor ein Heilmittel gegen die Musik. Er hatte nämlich an sich selber bemerkt, daß ein Schauspiel des Revue-Artisten Frankoni ihm mehr Vergnügen machte als die beste Oper; er überzeugte sich, daß die meisten Leute aus Konvenienz in die große Oper gehen und nur dann sich ergötzen, wenn schöne Dekorationen, Kostüme und Tänze so sehr ihre Aufmerksamkeit fesseln, daß sie die fatale Musik ganz überhören. Der große Véron kam daher auf den genialen Gedanken, die Schaulust der Leute in so hohem Grade zu befriedigen, daß die Musik sie gar nicht mehr genieren kann.»

Ein fast moderner Manager der Bühnenschau also. Wir wollen Véron aber Gerechtigkeit widerfahren lassen: Er war mit diesem Stil der eigentliche Schöpfer der großen historischen Pariser Oper, er führte Meyerbeers «Robert der Teufel» auf und Halévys «Jüdin» mit ihren bacchantischen Massenszenen, er ließ die Ballerina Taglioni «La Sylphide» tanzen in einem zauberischen Dekor.

Und anschließend wurde jede Vorstellung wie ein Sieg mit einem erlesenen Souper gefeiert. Da trat dann Vérons Köchin Sophie auf, die für ihre Künste nicht minder gerühmt und bewundert wurde als ihre Konkurrentinnen von der Bühne.

# Sauce Véron

*2 Schalotten, feingehackt*
*1 EL Estragonblätter, gehackt*
*1 EL Kerbelblätter, gehackt*
*5 weiße Pfefferkörner, grob zerstoßen*
*1 EL trockener Weißwein*
*3/4 dl Estragon-, ersatzweise Weißweinessig*
*150 g Butter in kleinen Würfeln auf Zimmertemperatur*
*2 TL Mehl*
*5 dl Fischsud*
*2 dl Champignonsud*
*3 EL Crème fraîche*
*3 Eigelb*

*Kräuterextrakt. In einem kleinen Topf Schalotten, Estragon, Kerbel und Pfefferkörner in Wein und Essig bei schwacher Hitze zirka 15 bis 20 Minuten auf etwa die Hälfte der Flüssigkeit einkochen. Vom Feuer nehmen.*

*Sauce. In einem anderen Topf 30 g Butter bei mittlerer Hitze zerlassen, darin Mehl unter Rühren goldgelb anschwitzen. Mit Fisch- und Champignonsud ablöschen. Den Kräuterextrakt hineinpassieren und alles nochmal um ein Drittel einkochen. Die mit der Crème fraîche verquirlten Eigelbe zugeben, unter ständigem Rühren bis kurz vor dem Siedepunkt erhitzen. Vom Feuer nehmen, nach und nach Rest Butter kräftig hineinschlagen, mit etwas gehacktem Estragon und Kerbel garnieren.*

*Läßt sich zusammen mit Fisch zubereiten und auftischen.*

Wem die Saucen bisher zu kompliziert waren — wofür ich durchaus Verständnis hätte, denn Saucen sind nun einmal Prüfstücke der guten Küche, sie erfordern etwas Handwerk und Kochgeschick —, der versuche es mit der leichten Fischsauce, wie sie Frau Amélie ihrem Mann *Arthur Nikisch* zubereitete. (In der Fachsprache, der geübte Leser wird es bald erkennen, ein «Beurre blanc».)

Dieser Kavalier in Kunst und Leben, von kleiner, graziler Statur, mit gepflegtem Knebelbart und maßgeschneiderten Manschetten, die seine weißen Hände zur Geltung kommen ließen, leitete in der zweiten Hälfte des letzten Jahrhunderts nach dem Zeitalter der Primadonna jenes des Primo Uomo mit dem Taktstock ein.

Der Dirigent Fritz Busch schildet, wie Nikisch bei einer ersten Probe mit einem fremden Orchester das Podium «mit so viel Charme» betrat, daß die Musiker «in begeisterte Akklamation ausbrachen. Nikisch ließ sich Zeit, zog, sich immer freundlich nach allen Seiten verbeugend, seine Glacéhandschuhe aus und erklärte mit wohlklingender Stimme, es sei der Traum seines Lebens gewesen, einmal dies hochberühmte Orchester zu dirigieren. Dasselbe sagte er aus einer angeborenen Liebenswürdigkeit, wo immer er als Gastdirigent erschien . . .»

Aber raffinierte Bonhomie allein genügt natürlich nicht. Mit hinreißender Intensität und improvisatorischer Eingebung brachte er ein Orchester zum Klingen wie keiner vor ihm. Und: er war mit einem untrüglichen Ohr begabt. Einmal klopfte er während einer Probe ab und riet einem Cellisten: «Nehmen Sie, bittschön, doch das e mit dem ersten Finger auf der D-Saite und nicht mit dem dritten auf der G-Saite» — er hatte den ungünstigen Fingersatz aus dem Orchester herausgehört.

Arthur Nikisch, Grandseigneur im Leben und in seiner Kunst

# Fischsauce Nikisch

## *Beurre blanc Nikisch*

*In einem Topf Schalotten in Wein und Essig bei mittlerer Hitze einkochen, bis sie eben noch von Flüssigkeit bedeckt sind. Etwas abkalten lassen und den Fischsud beigeben.*

*Bei schwacher Hitze im Wasserbad nach und nach die Butter hineinschlagen, bis sie sich mit der Flüssigkeit gebùnden und die Konsistenz einer Mayonnaise hat. Vom Feuer nehmen, mit Salz und Pfeffer abschmecken und lauwarm servieren.*

*Paßt zu pochiertem und grilliertem Fisch.*

*1 EL Schalotte, feingehackt*
*2 EL trockener Weißwein*
*2 EL Weißweinessig*
*2 EL Fischsud*
*200 g Butter in kleinen Würfeln, gekühlt*
*1 Prise Salz*
*1 TL weißer Pfeffer, grob zerstoßen*

***Ausführungspraxis*** *Damit sich die Sauce nicht zersetzt, kann man ihr zum Schluß noch 1 bis 2 EL Rahm (Sahne) beigeben.*

Der junge Massenet greift als Träger des «Prix de Rome» zum Lorbeer der Unsterblichkeit

Mag die Musik von *Jules Massenet* unseren Ohren heute manchmal auch recht schwülstig und süß klingen, gab er sich als Mensch doch eher zurückhaltend. Wie er einmal den Kollegen Saint-Saëns als eine Zierde der französischen Musik lobte, wurde ihm entgegengehalten, dieser lasse umgekehrt kein gutes Haar an seinen Opern. «Mag sein, aber vielleicht irren wir uns beide.»

Ebenso überlegen bescheiden war Massenet als Dirigent. Eingeladen, die hundertste Aufführung seiner Oper «Thaïs» zu dirigieren, trat er unter dem Beifall des Publikums vor das Orchester und beugte sich zu den erwartungsvoll gespannten Musikern hinunter: «Allors, Messieurs», flüsterte er ihnen zu, «conduisez-moi bien», «So, meine Herren, führen Sie mich gut!»

Seine psychologisierenden Opern «Manon» und «Werther», in denen er nach Art des französischen Fin de siècle literarische Vorbilder ohne viel Rücksicht auf ihren geistigen Gehalt bühnenwirksam vertonte, sind bis heute nicht nur beim Publikum, sondern wegen ihrer wirkungsvollen Partien auch bei den Sängern und insbesondere den Sängerinnen beliebt geblieben. In beider Mittelpunkt steht nämlich eine Frau, und diesen «grandes amoureuses» passen seine sentimentalen, üppigen Melodien wie eine kunstvoll drapierte Robe.

Aber nicht nur in der Kunst, auch im Leben fühlte sich Massenet zum Ewigweiblichen hingezogen. Seiner letzten Herzensdame, einer bildschönen Mezzosopranistin, widmete er sein Alterswerk «Jérusalem». Sie allein sollte die Hauptrolle singen, ohne sie durfte die Oper nicht aufgeführt werden. Er setzte das testamentarisch so unanfechtbar aus, daß nach seinem Tod selbst Witwe und Verleger sich diesem unbequemen Legat fügen mußten.

# Garnitur Massenet

*Markscheiben eine Nacht in Wasser legen.*

*Die Artischocken wie die «Artischockenböden Auber», S. 26, herrichten.*

*In kleinem Topf die abgegossenen Markscheiben etwa 2 Minuten in heißem Salzwasser ziehen lassen, bis sie glasig sind.*

*Auf jeden Artischockenboden eine Markscheibe legen, mit etwas Pfeffer würzen — voilà tout, weiter nichts!*

*Diese Garnitur, deren deftige Herbheit man Massenet nicht zugetraut hätte, der man aber den theatralischen Effekt nicht absprechen kann, paßt zu kleinen Fleischstücken wie Tournedos, Medaillons, Nüßchen.*

*4 — 8 Scheiben Rindermark, je etwa 1 cm dick*
*4 — 8 große Artischocken*
*Zitronensaft*
*Pfeffer*

Jules Massenet, Professor am Conservatoire de Paris. Offizier der Ehrenlegion, einer der geachtetsten und wohlhabendsten Komponisten seiner Zeit

# Brillat-Savarin-Kroketten
## Garnitur Brillat-Savarin

*750 g mehlig kochende Kartoffeln*
*70 g Butter*
*Salz, weißer Pfeffer*
*1 Msp. Muskatnuß, frisch gerieben*
*2 Eier*
*2 Eigelb*
*50 g Gänseleber*
*50 g Trüffeln aus der Dose*
*80 g Crème fraîche*
*Zitronensaft*
*60 g Spargelspitzen aus der Dose*

*Die Kartoffeln schälen, waschen, in gleich große Stücke schneiden.*

*Sie in einem Topf mit Salzwasser bedecken. Das Wasser sprudelnd erhitzen, die Kartoffelstücke darin kochen, bis sie eben gar sind (mit Messerspitze oder Gabel prüfen). Wasser abgießen, 8 bis 10 Minuten auf kleinstem Feuer ausdampfen und trocknen lassen.*

*Die gekochten, noch heißen Kartoffelstücke mit einem Stößel durch ein Sieb oder mit einer Gabel in einen breiten flachen Topf drücken und bei starker Hitze mit einem Spachtel durcharbeiten. Ist die Masse trocken und fest, 50 g Butter hineinrühren. Mit Salz, einer Prise Pfeffer und Muskat abschmecken, nochmals durchrühren. 1 Ei und Eigelbe, leicht verquirlt, unterheben.*

*Ein Holzbrett mit kaltem Wasser abspülen, das Püree darauf zirka 1 bis 2 cm dick glattstreichen. Nach Belieben und Geschmack quadratische, rechteckige, runde, sternförmige usw. Scheiben ausschneiden oder ausstechen. Sie auf einem gebutterten Backblech mit 1 verquirlten Ei bestreichen. Im heißen Ofen backen, bis sie goldbraun sind.*

*Garnitur. Gänseleber und Trüffeln in Würfel schneiden. Crème fraîche mit Salz, Pfeffer und etwas Zitronensaft abschmecken, behutsam mit Gänseleber, Trüffeln und Spargelspitzen vermengen.*

*Die Garnitur auf den Kartoffelkroketten anrichten.*

*Paßt zu Fleischgerichten.*

*Ausführungspraxis Kartoffeln erst kurz vor dem Kochen schälen, sie verlieren sonst Vitamine.*

*Kartoffeln zum Pürieren nie rühren — schon gar nicht mit einem elektrischen Gerät —, sondern von oben nach unten zerdrücken.*

*Statt Gänseleber, Trüffeln und Spargelspitzen kann man auch Kaviar oder sogar Kaviarersatz nehmen.*

Mancher Leser wird überrascht sein, den Namen dieses Grandseigneurs der Gastronomie in einer der Musik gewidmeten Rezeptsammlung zu entdecken. Seine «Physiologie des Geschmacks» ist das Hohelied der Feinschmeckerei, und es gibt wohl kein anderes Werk dieser Art, aus dem bis zum heutigen Tag so gern und so fleißig zitiert wird. (Auch ich komme nicht darum herum.)

Weniger bekannt ist, daß *Jean Anthelme Brillat-Savarin* dazu noch ein achtbarer Musiker und Komponist war. Als der fünfunddreißigjährige Advokat, Royalist von Herkommen und Anlage, vor eines der guillotinebrünstigen Tribunale der Revolution zitiert wird, flieht er Hals über Kopf nach Amerika, im Gepäck neben dem Notwendigsten nur seine Geige. In New York verdient der Emigrant sich zwei Jahre lang als Opernmusiker sein trockenes Brot. Nach Frankreich zurückgekehrt, nimmt er in Paris wieder das angenehme Leben eines Rats am Kassationshof auf. Dabei beflügelte ihn nicht nur das zarte Aroma von Austern — er pflegte als Entrée so zwei, drei Dutzend davon zu schlürfen — und Wildbret, sondern weiterhin die Musik.

Jean Anthelme Brillat-Savarin flocht in seiner «Physiologie du Goût» dem guten Koch manchen Kranz aus Küchenkräutern

So wurde er einmal ins Kloster Saint-Sulpice geladen, dort am Sankt-Bernhards-Tag eigene Kompositionen aufzuführen. Nicht ohne vorher klosterfürstlich gestärkt zu werden: «Mitten auf der langen Tafel erhob sich eine Pastete, groß wie ein Dom, nördlich flankiert von einem kalten Kalbsviertel, südlich von einem ungeheuren Schinken, östlich von einem Buttermonument, westlich von einem Wald gepfefferter Artischocken.»

Die nach Brillat-Savarin benannte Garnitur ist, wie es diesem begnadeten Feinschmecker zusteht, eine Ehrenrettung der verkannten Kartoffel, jener bescheidenen Knolle, die soviel Charakter verbirgt unter der unscheinbaren Schale – und, den Linienbewußten sei's geflüstert, entgegen landläufiger Ansicht schlank macht und fit.

# *Pastorale verde*

## Gemüse und Salate

# Karfiol Julius Bittner
## *Blumenkohl Julius Bittner*

*Den Blumenkohl 2 bis 3 Minuten in kaltes Salzwasser tauchen. Gut abspülen, Strunk kreuzweise einschneiden. In einem Topf mit dem Kopf voran 7 bis 10 Minuten in sprudelnd kochendem Salzwasser mit dem Zitronenviertel knapp garen.*

*Beigabe. In einer Schüssel den Rahm über Schinken, Sardellen und Kalbshirn gießen.*

*Sauce. In einer Pfanne 50 g Butter zerlassen. Mehl zugeben und bei schwacher Hitze verrühren, bis sich Blasen bilden. Milch hineingießen, die Mischung mit einem Schneebesen schlagen. Sobald sie aufkocht und dicklich wird, mit Salz, Pfeffer und Muskatnuß abschmecken und vom Feuer nehmen.*

*In einer gebutterten Form den vorgekochten, abgetropften Blumenkohl anrichten, Beigabe und Sauce darüber (auch in die Röschen hinein) und ringsherum geben, mit Parmesankäse bestreuen. Im vorgeheizten Backofen zugedeckt bei mittlerer Hitze (225° — Stufe 4) 15 bis 20 Minuten überbacken.*

*1 großer Blumenkohl zu 1 — 1 ½ kg*
*1 Zitronenviertel*
*125 g Rohschinken, in Würfel geschnitten*
*125 g Sardellenfilets, gewässert und in kleine Stücke geschnitten*
*½ Kalbshirn, gewässert und blanchiert (s. «Mascagni-Pastetchen», S. 23), in Würfel geschnitten*
*¼ l saurer Rahm (Sahne)*
*60 g Butter*
*30 g Mehl*
*¼ l Milch*
*Salz, Pfeffer*
*1 Prise Muskatnuß, gerieben*
*30 g Parmesankäse, frisch gerieben*

Julius Bittner, der berufene Dilettant

Das einzige, was der nicht musikkundige Leser beim Stichwort «Julius Bittner» erraten wird, ist, daß er aus Wien kam. Denn wo sonst heißt der Blumenkohl noch «Karfiol»?

Dabei war *Julius Bittner,* der 1939 starb, zu seiner Zeit, wie viele ambivalente Kollegen in Altösterreich, von Grillparzer bis Schnitzler, ein geachteter Bürger und ein beachteter Künstler, ein Dilettant im guten wie im kritischen Sinn: von Haus aus Jurist und Richter, daneben fruchtbarer Wort- und Tondichter. Niemand Geringerer als der Dirigent Bruno Walter nahm sich früh seiner an. In seiner Autobiographie erinnert er sich, in Bittners Opern zeige sich «immer wieder seine dramatische und musikalische Begabung, die es zu einzelnen starken Wirkungen, aber nie zur Vollendung eines Ganzen bringen konnte. Bittners bestes Werk war vielleicht sein Schauspiel ‹Der liebe Augustin›, höchst reizvoll fand ich einige mit anmutiger Leichtigkeit geschriebene Feuilletons in der ‹Neuen Freien Presse›, und wahrhaft rührend war seine Persönlichkeit: ein großer, schwerer, blonder Ur-Wiener mit rötlichem Gesicht, lauter Stimme und dröhnendem Lachen, gescheit und humorvoll, dem seine tiefe Frömmigkeit half, ein entsetzlich schmerzvolles körperliches Leiden und die Amputation beider Beine zu überstehen und heiter und geduldig bis ans Ende zu bleiben.»

Bittner war, wie man ihm damals in Wien oft begegnete, ein typisch österreichisches, ein vergebliches Talent. Er nannte sich selbst die «Essenz der vindobonensischen Volksseele, Absud des ganzen diese Stadt bewohnenden Rindfleisches, Produkt der Erde zwischen Graben und Stephansplatz», und es klingt wie ein Nestroysches Bekenntnis, wenn er eine seiner Figuren sagen läßt: «I hab' Angst vor mir, lauf' vor mir davon, hole mich aber immer wieder ein.»

Das Leben Louis Armstrongs ist die Geschichte des Jazz: von einem Erziehungsheim für Jugendliche in New Orleans zu weltweiter Respektierung und Beliebtheit. Man hat diesen Weg mit dem Lauf des Mississippi verglichen, an dessen Ufern der Jazz entstanden ist — ungestüm sprudelnd an der Quelle, dreckig und trüb in der Mitte, breit und majestätisch bei der Mündung. Das sind auch die drei Stadien des *Louis Armstrong.*

Zuerst New Orleans, wo der junge schwarze Trompeter die Musik in sich sog, die dort in der Luft lag, in den vielen Bordellen, Spielsalons, Kneipen erklang, von denen das kreolische Viertel dieser Stadt voll war, aber auch in den Straßen, wo Band-Waggons alles begleiteten, Paraden, Parties und Beerdigungen.

Es ging weiter in Chicago und New York, wo Armstrong, bei wem immer er auch auftrat, die erste Trompete spielte, mit dem unverwechselbar saftigen Vibrato, mit der kühnen und doch entspannten Phrasierung. Er vereinigte die Wärme des Naturtalents mit der Technik des Könners und wurde zur Inspiration für alle nach ihm. «Wie auch immer ein Jazzmann spielt», sagte einmal einer, «ein bißchen Armstrong ist in jedem.»

Schließlich Amerikas Westküste, Hollywood, Europa, die ganze Welt. «Satchmo», wie ihn Freunde und Fans liebevoll nannten, blies und sang sich mit seiner kehlig-heiseren Stimme, mit seinen Clownerien in die Herzen auch der griesgrämigsten Zuhörer. Seine eigentliche Sprache jedoch blieb die Musik. Als er einmal gefragt wurde, was Jazz denn nun eigentlich sei, antwortete er: «Mensch, wenn du das fragen mußt, wirst du's nie begreifen.»

Armstrongs Memoiren heißen «Mein Leben — mein New Orleans». Dort hatte er seine Wurzeln, und

sein größter Stolz war, Ehrenbürger dieser lebenslustigen Stadt zu sein. Immer wieder kehrte er dorthin zurück, mit Verwandten und Freunden das turbulente Leben zu genießen, die Karnevalsumzüge des «Mardi gras», das Nachtleben und die kreolisch-karibische Küche, die nach dem nicht fernen Mexiko schmeckt.

Linke Seite: Louis Armstrong, der Gabriel des Jazz

# SCHWARZE BOHNEN SATCHMO

## *Black Beans Satchmo*

*250 g schwarze Bohnen*
*Salz*
*80 g Pflanzenöl*
*1 1/2 mittlere Zwiebeln, fein gehackt*
*3 Knoblauchzehen, gehackt*
*2 grüne Peperoni (Paprikaschoten), entkernt und gehackt*
*80 g gepökeltes Schweinefleisch oder frischer durchwachsener Speck, in Stücke geschnitten*
*1 kleines Lorbeerblatt*
*Pfeffer*

*Bohnen über Nacht in kaltem Wasser einweichen.*

*Sie abtropfen und in einem Topf mit Wasser bedeckt zum Kochen bringen. Zugedeckt etwa 1 1/2 Stunden simmern lassen, bis sie gar sind. Mit Salz abschmecken.*

*In einer Pfanne Öl erhitzen, darin Zwiebeln, Knoblauch und Peperoni einige Minuten dünsten. Die Mischung in die Bohnen rühren. Alles 30 bis 45 Minuten weiterdünsten. Nach und nach Schweinefleisch oder Speck zugeben, mit Lorbeer, Salz und Pfeffer abschmecken. Das Gericht ist gar, wenn es die Konsistenz einer dicken Suppe hat.*

*Dazu serviert man würzigen Reis, Risotto oder Mais.*

***Ausführungspraxis*** *Da die Kochzeit der Bohnen sehr von Sorte und Alter abhängt, muß man ihren Garzustand ständig nachprüfen.*

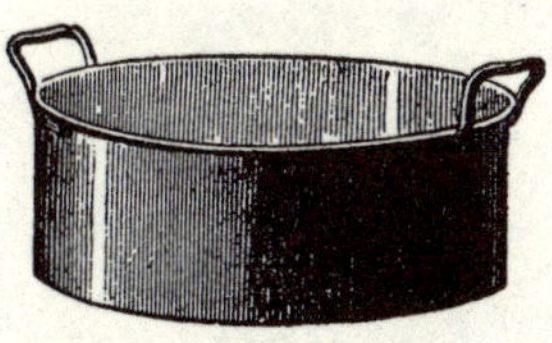

Alfred und Heinrich Grünfeld, zwei Lebenskünstler auf Parkett und Podium

Der Pianist *Alfred Grünfeld* gehörte zu jener fast ausgestorbenen Rasse von Virtuosen, die auf dem Salonparkett so gewandt sind wie auf dem Konzertpodium. Er und sein Bruder Heinrich, ein ebenso brillanter wie witziger Cellist, waren ständig auf Reisen, zu Gast in der Welt der Kunst und des Adels. Als nach einem Hofkonzert Kaiser Wilhelm II. Heinrich auf seine Ähnlichkeit mit dem Pianisten ansprach, erklärte der: «Das, Majestät, ist ein entfernter Bruder von mir.» Nach einem anderen Konzert stürzte ein alter Herr begeistert auf die Künstler zu: «Das war wundervoll, Sie müssen auf meiner Beerdigung spielen.» «Aber gern, Herr Kommerzienrat, was wollen Sie denn hören?»

Es klingt für uns heute geradezu unwahrscheinlich, wen alles Alfred Grünfeld, der 1924 starb, kannte, wer alles ihn kannte. Im Prager Elternhaus erhielt der Junge Klavierunterricht von Bedřich Smetana, dort hatte ein schmaler, blasser Jüngling «Kost und Quartier» — Gustav Mahler. In Wien befreundete sich Alfred mit Johannes Brahms und Arthur Nikisch, in Petersburg empfing ihn Tschaikowsky mit seinen «etwas weichlichen Manieren», in Paris der Staatschef Clemenceau, den seine Landsleute den «Tiger» nannten, in Berlin die preußische Maler-Exzellenz Adolf Menzel.

Ganz in seinem Element aber war der gebürtige Wiener aus Prag, wenn er Strauss-Walzer, Volkslieder und Heurigenmärsche so spielte, «wie sie außer ihm kein Mensch spielen kann», schwärmte ein Zuhörer. «Das ist eine Schneidigkeit des Rhythmus, eine Lieblichkeit der Harmonie sondergleichen — man glaubt ein Orchester auserlesenster Art zu hören.» Johann Strauß sagte ihm einmal: «So schön, wie Sie meine Walzer spielen, habe ich sie gar nicht komponiert!»

# Pfifferlinge Alfred Grünfeld

*750 g Pfifferlinge (Eierschwämme)*
*Salz*
*50 g Butter*
*1 TL Kümmel*
*Cayennepfeffer*
*3/4 EL Mehl*
*1/4 l Fleischbrühe*
*1/2 dl trockener Weißwein*

*Pfifferlinge gut putzen. Stielenden abschneiden, kleine Pilze ganz lassen, größere zerschneiden. Sie leicht salzen und zugedeckt in einer Pfanne auf eine heiße Herdplatte legen. Pilze rütteln und, sobald sie ihren Saft abgegeben haben, durch ein Sieb abtropfen lassen. Pilzsaft auffangen.*

*In einer Pfanne Butter zerlassen. Pfifferlinge darin etwa 5 Minuten bedeckt, dann etwa 5 bis 7 Minuten offen schmoren, bis alle Flüssigkeit verdampft ist und die Pilze leicht gebräunt, aber nicht zu weich sind. Mit Salz, Pfeffer und Kümmel abschmecken. Mit Mehl bestäuben, mit der vorgewärmten Fleischbrühe und dem Wein ablöschen.*

*Dieses Grünfeldsche «Gericht aus dem Wienerwald» paßt als Vorspeise oder als Beigabe zu Fleisch und Geflügel, wobei man den Pilzsaft weiterverwenden kann.*

*Ausführungspraxis* *Pfifferlinge sollten möglichst ohne Wasser geputzt werden, da sie sich gern vollsaugen («Schwammerl»); nur nötigenfalls kurz in einem Sieb mit fließendem Wasser abbrausen und trockentupfen.*

*Statt Mehl und Fleischbrühe kann man Crème fraîche zugeben.*

Der wegen seiner bösen Zunge gefürchtete Wiener Hofkapellmeister Hellmesberger stellte einmal den französischen Komponisten *Léo Delibes* als «Monsieur Le Dieb» vor. Das war nicht sehr fein, denn der konnte schließlich nichts dafür, wenn seine eingängigen Melodien damals schon weltweit in Konzerten, Kaffeehäusern und Ballsälen so oft gespielt wurden, daß man sie beim Wiederhören wie alte Bekannte grüßte.

Seine graziös beschwingten Ballette «Sylvia», «Coppélia» und «La Source» sind bis heute beliebt geblieben. Sie spiegeln jene etwas unwirkliche Welt der Spitzen, Tutus und Rüschen, wie sie sein Zeitgenosse Edgar Degas kongenial auf der Leinwand festgehalten hat.

Aber Delibes verstand nicht nur, für die Füße, sondern auch für die Stimme zu komponieren. Er verfaßte witzige Einakter für die Bouffes Parisiens und von Leidenschaft erfüllte Opern. Als letzte «Lakmé», aus der die bravouröse Glöckchen-Arie immer noch zum Paraderepertoire aller Kehlkopfakrobatinnen gehört. Sie spielt in Indien, womit Delibes dem damaligen Zug zur pittoresken Exotik des Orients folgte, wie wir ihr noch in manch anderem Werk jener Zeit begegnen, in Verdis «Aïda», Bizets «Djamileh», Goldmarks «Königin von Saba», Massenets «Thaïs» — «au siècle de Louis XIV on était helléniste, maintenant on est orientaliste», stellte Victor Hugo fest, «im Zeitalter Ludwigs XIV. war man Hellenist, jetzt ist man Orientalist.»

Es ist wohl nicht zu weit hergeholt, wenn man selbst hinter Delibes' Salatrezept diesen Hang zum Osten vermutet, denn der Reis, eines seiner Elemente, ist ja ein Hauptnahrungsmittel der Völker Asiens. Auch in dieser Version beweist er seine Verträglichkeit mit anderen Eßwaren und seine Eignung für aparte kulinarische Variationen.

Plakat für «Lakmé», Opéra Comique Paris 1883

Nächste Seite:
Edgar Degas:
Orchester und Ballett der Grand Opéra Paris

# Lakmé-Salat

*Marinade. Peperoni in Scheiben schneiden. Tomaten halbieren. Zwiebel würfeln.*

*Gemüsestücke in 3 EL Essig, Salz und Pfeffer mehrere Stunden oder über Nacht ziehen lassen.*

*Reis. Reis in kochendem Salzwasser etwa 15 bis 20 Minuten körnig kochen. In einem Sieb abtropfen lassen, kalt abspülen und zwischen zwei Tüchern sorgfältig von Hand trockentupfen.*

*In Salatschüssel Marinade und Reis zusammengeben. Mit Salz und Pfeffer abschmecken, Öl und 2 EL Essig hineinrühren. Alles gut vermischen.*

***Ausführungspraxis*** *Man sollte den Salat vor dem Servieren mindestens 1 Stunde kühl stellen, dann nötigenfalls etwas nachwürzen.*

*150 g rote Peperoni (Paprikaschoten)*
*150 g kleine, feste Tomaten*
*1 mittlere Zwiebel, geschält*
*5 EL Weinessig*
*Salz, schwarzer Pfeffer*
*200 g Langkornreis*
*½ EL Olivenöl*

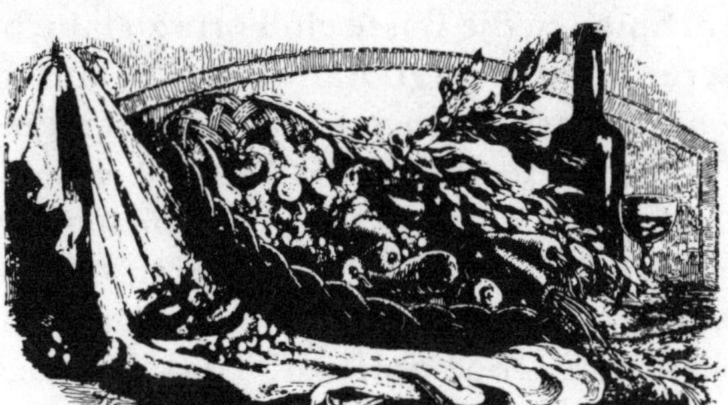

Über den außergewöhnlichsten Dirigenten unseres Jahrhunderts schrieb Stefan Zweig: «Wenn Toscanini will, müssen alle wollen, wenn er befiehlt, alle ihm gehorchen.» Von sich selbst sagte dieser: «Ich bin kein Genie. Ich habe nichts geschaffen. Ich spiele nur die Musik anderer Leute.»

Im Juni 1886 sollte in Rio de Janeiro Verdis «Aïda» aufgeführt werden, mit italienischen Sängern und Musikern. Nach mancherlei Kabalen und Skandalen weigerte sich das Ensemble, unter der vorgesehenen Direktion aufzutreten. Im letzten Moment huscht ein kleiner, schmächtiger Cellist von neunzehn Jahren im zu großen Frack ans Dirigentenpult, gibt inmitten des allgemeinen Tumults das Zeichen zum Einsatz und führt die Vorstellung zum triumphalen Ende. Von da an vertauscht *Arturo Toscanini* den Cellobogen mit dem Taktstock.

Wenn er fühlte, daß ein Orchester sich ihm nicht ganz hingab, zerbrach er vor Verzweiflung den Taktstock, zerriß er seine Jacke, schleuderte er die Partitur zu Boden. Spielten die Bässe ein Forte zu laut, brüllte er mit heiserer Stimme: «Ignoranti! Es gibt tausend Forti, alle Arten von Forti. Manchmal ist Forte ein Pia-a-a-no, Piano ein Forte! Accidenti! Maledetti! Sie nennen sich Musiker?! O, per Dio santissimo! Sie spielen hier in diesem Orchester? In eine Osteria gehören sie! Ihre Nase in den Noten — Szsrumpp, Szsrumpp! Sie hören nichts! Sie decken das Oboe-Solo zu! Und Sie: Szsrumpp, Szsrumpp! Wo sind Ihre Ohren? Contra-ba-ss-i! Tutti! Tutti! Vergogna!»

Toscanini sagte von sich, in der Musik sei er Autokrat, im Leben Demokrat. Und er bewies das, als man ihn 1926 zwingen wollte, in der Scala Mailand die faschistische «Giovinezza» zu spielen: er verließ das

Podium. Nach 1933 ging er nicht mehr nach Bayreuth, seit dem Einfall der Hitlerhorden in Österreich mied er Salzburg «per l'umanità», «um der Menschlichkeit willen», wie er sagte. Als Mensch wie Künstler bleibt Arturo Toscanini ein Symbol für Integrität und reines Wollen.

Arturo Toscanini, das Dirigierphänomen unseres Jahrhunderts

# Toscanini-Salat

*2 Orangen*
*1 Grapefruit*
*2 kleine rote Äpfel*
*1 Kopf Brüsseler Endivie, längs halbiert*
*2 kleine grüne Paprikaschoten*
*1 große Zitrone*
*1 TL Salz*
*1/4 TL weißer Pfeffer*
*3 EL Rahm (Sahne)*
*1 EL Baumnüsse (Walnüsse), gehackt*

*Orangen, Grapefruit und Äpfel gut schälen (Zitrusfrüchte mit der weißen Innenhaut) und entkernen. In nicht zu dünne Scheiben schneiden. Bitteren Kern der Endivie herausschneiden, äußere Blätter abzupfen, sie in fingerbreite Stücke schneiden. Paprikaschoten vierteln und in grobe Scheiben schneiden.*

*Sauce. In eine kleine Schüssel Saft der Zitrone, Salz und Pfeffer geben. Mit Holzlöffel rühren, bis sich das Salz aufgelöst hat. Unter ständigem Rühren nach und nach Rahm zugießen, bis die Sauce dick wird.*

*In einer Salatschüssel Früchte und Gemüse mit der Sauce vermischen und durchziehen lassen. Mit Baumnüssen bestreuen.*

*Paßt als Vorspeise oder zu kaltem Fleisch.*

# *Finale dolce*

## DESSERTS UND TORTEN

Auguste Escoffier, berühmter Küchenchef des Savoy-Hotels London, Koch der Könige und König der Köche, war ein passionierter Operngänger. Als einmal *Nellie Melba* die Elsa im «Lohengrin» sang, gehörte er zu denen, die begeistert applaudierten und tief beeindruckt waren. Der geheimnisvolle Gralsritter, die ahnend Liebende, der majestätisch dahingleitende Schwan — Escoffier gab diesem überwältigenden Eindruck auf seine Weise, in seiner Kunst Ausdruck: er komponierte ein Dessert mit weißen Pfirsichen auf einem Bett von Vanilleeis, flankiert von zwei Schwanenflügeln aus Zuckerguß. Aber noch war er nicht zufrieden, es fehlte der romantische Schimmer, der über der ganzen Oper lag. Erst 1900, bei der Eröffnung des gleichfalls von Escoffier betreuten Carlton-Hotels, war das Meisterwerk für die Premiere bereit: duftende Himbeeren gaben ihm rosigen Glanz.

Auguste Escoffier, Meister und Lehrmeister der hohen Kochkunst

Nellie Melba, für jede Art Beifall empfänglich, schmeichelte dieser Tribut. Und sie wäre keine echte Primadonna gewesen, hätte sie ihre Ansprüche nicht mit jeder Akklamation höher geschraubt. Sie verlangte und erhielt Phantasiegagen — wer Gold in der Kehle hat, dem wird Gold nachgeworfen —, und mancher Kollege bekam ihre Allüren zu spüren.

Dem prominenten Tenor John McCormack erklärte sie, im Covent Garden dürfe sich niemand mit ihr zusammen verneigen, und als einmal der Bariton Titta Ruffo den Rigoletto singen sollte, weigerte sie sich, neben ihm aufzutreten; als Grund gab sie an, Ruffo sei zu jung, ihren Vater zu spielen, in Wahrheit aber wollte sie dessen stimmgewaltige Konkurrenz nicht neben sich dulden. Als einige Jahre später die beiden wieder in der gleichen Oper zusammentrafen, war für den Beleidigten die Stunde der Rache gekommen: Nun wollte er nicht, denn, so sein ungalantes Räsonnement, die Melba sei doch wohl nicht mehr jung genug, seine Tochter zu singen.

Am Schluß ihrer langen Karriere nach ihrer Heimat Australien zurückgekehrt, gab Nellie Melba in Sydney glänzende Empfänge, zu deren Abschluß jeweils eines nicht fehlen durfte: die «Pêches Melba». Und damit kam die Sängerin postum zur Ehre, zweimal in diesem Buch genannt zu werden.

## PFIRSICHE MELBA
### *Pêches Melba*

*4 frische weiße oder auch gelbe Pfirsiche*
*250 g Kristallzucker*
*2 1/2 dl Wasser*
*1 Vanilleschote*
*Zitrone*
*350 g frische Himbeeren*
*1 TL Zitronensaft*
*1 – 2 TL Kirschwasser*
*5 dl Vanilleeis*
*30 g Mandelsplitter*

*Sirup. In schwerem Topf 3 EL Zucker, das Wasser und die Vanilleschote zum Kochen bringen. Hitze reduzieren.*

*Pfirsiche. Pfirsiche schälen, mit Zitrone abreiben und in den Sirup geben. Zugedeckt 5 bis 6 Minuten garziehen. Vom Feuer nehmen, abkühlen lassen. Früchte gut abtropfen, halbieren und entsteinen.*

*Sauce. Himbeeren erlesen und kalt abspülen. In kleinen emaillierten Topf passieren, 180 g Zucker zugeben. Unter Rühren mit Holzlöffel 5 bis 6 Minuten simmern lassen, Zitronensaft zugießen. Vom Feuer nehmen, mit Kirschwasser aromatisieren und erkalten lassen.*

*In vier vorgekühlte Gläser je ein Viertel Vanilleeis geben. Auf jede Portion zwei Pfirsichhälften legen, mit Sauce übergießen und mit Mandelsplittern bestreuen.*

***Ausführungspraxis*** *Pfirsiche lassen sich leicht schälen, wenn man sie vorher kurz in heißes Wasser taucht und dann kalt abspült.*

# SCHOKOLADETÖPFCHEN MOZART
## *Pots de Crème Mozart*

*In einem Topf die Schokolade im Wasser mit aufgeschnittener Vanilleschote und 1 Prise Salz bei schwacher Hitze schmelzen. Sobald die Schokolade glänzig ist, Eigelbe hineinschlagen. Rühren, bis die Crème sämig ist.*

*Vom Feuer nehmen. Vanilleschote herausfischen und Krokant hineingeben. Weiterrühren, bis die Crème etwas abgekaltet ist.*

*Crème in vier Töpfchen verteilen und mit einer Schlagrahmhaube verzieren.*

*120 g dunkle Blockschokolade in Stücken*
*1 3/4 dl Wasser*
*1/2 Vanilleschote*
*1 Prise Salz*
*4 Eigelb, gut geschlagen*
*50 g Krokant*
*2 dl geschlagener Rahm (Schlagsahne)*

*Ausführungspraxis Man kann Krokant kaufen oder selbst herstellen: Gleiche Mengen geröstete, geschälte Mandeln und Zucker in schwerem Topf bei schwacher Hitze unter ständigem Rühren hellbraun karamelisieren; vom Feuer nehmen, Mandeln hacken und einige Tropfen Zitronensaft zufügen; die Masse auf eine gebutterte Marmorplatte oder Alu-Folie gießen; sobald sie kalt und hart ist, mit dem Nudelholz zerdrücken.*

Ich will aufrichtig sein: Mit diesem Rezept hat *Wolfgang Amadeus Mozart* so viel zu tun wie Giuseppe Verdi mit Lasagne verdi – nichts. Aber, das sei im gleichen Atemzug gestanden, ein Buch um und über Musik, und sei es nur Schaumgebäck wie dieses, wäre ohne Mozart für mich wie eine Geige ohne Resonanzboden, wie eine Harfe ohne Saiten. Er war ein schöpferisches Wunder, nichts bei ihm ist Zufall, nichts Willkür. So sei ihm das

obige Rezept, das in Österreich und anderswo immerhin da und dort seinen Namen trägt, in aller Bescheidenheit und Verehrung zugedacht.

Als der Sechsjährige in Wien dem Kaiserpaar mit höfischem Zeremoniell vorgestellt wurde, da sei, berichtet Vater Leopold, «der Wolferl der Kayserin auf die Schooß gesprungen, sie um den Hals bekommen und rechtschaffen abgeküßt.»

Diese Herzensnatürlichkeit hat Mozart sich sein kurzes, nicht leichtes Leben lang bewahrt. Jahre später, in Berlin, geht er, noch im grauen Reiserock, unerkannt in eine Vorstellung der «Entführung aus dem Serail». Bald freut er sich über eine gelungene Stelle, bald ist er unzufrieden mit dem Tempo, bald machen ihm die Sängerinnen zu viele «Schnörkeleien», wie er es nannte. An einer Stelle — ich folge den Aufzeichnungen des Zeugen Friedrich Rochlitz — konnte Mozart nicht mehr an sich halten, ganz laut rief er: «Verflucht! Wollt ihr D greifen!» Alles dreht sich um, ein paar Musiker erkennen ihn, und nun geht es wie ein Lauffeuer durch das Theater: «Mozart ist da!» Einige Akteure, besonders die Sängerin Baranius, wollen nicht wieder hinaus auf die Bühne. Im Nu ist Mozart hinter den Kulissen: «Madame, was treiben Sie für Zeug? Sie haben herrlich, herrlich gesungen — und damit Sie's ein andermal noch besser machen, will ich die Rolle mit Ihnen einstudieren.»

Eines der mozärtlichsten Worte über Mozart fand der Theologe Karl Barth: «Ich bin nicht schlechthin sicher, ob die Engel, wenn sie im Lobe Gottes begriffen sind, gerade Bach spielen — ich bin aber sicher, daß sie, wenn sie unter sich sind, Mozart spielen und daß ihnen dann auch der liebe Gott besonders gerne zuhört.»

Wolfgang Amadeus Mozart, der gute Genius der Musik

Linke Seite: Mozart als unerwarteter Gast bei einer Aufführung der «Entführung aus dem Serail» in Berlin

Wie Mozart, war auch *Yehudi Menuhin* ein Wunderkind. 1916 in New York als Sohn eines aus Rußland über Palästina eingewanderten chassidischen Schulmeisters geboren, wuchs er in San Francisco auf, wo sein Vater den hebräischen Schulen vorstand. Mit fünf erhielt der Junge die ersten Violinstunden, wenig

Yehudi Menuhin, das Wunderkind, aus dem ein Künder der Toleranz und Menschlichkeit wurde

später schon erregte er als Konzertsolist Aufsehen. In Europa dann hatte er in Paris Unterricht bei Georges Enescu, in Basel bei Adolf Busch. Zwei Jahre lang versuchte dieser, Arturo Toscanini zu bewegen, sich den jungen Geiger anzuhören. «Wunderkinder?» rief der aus, «die machen mich krank!» Bis er doch nachgab. Menuhin erzählt: «Als ich spielte, wußte ich nicht, daß der Maestro im Konzertsaal war. Das Konzert war zu Ende, und da spürte ich plötzlich, wie mich jemand umarmte und küßte. Ich blickte auf, und mein Herz stockte, als ich die feurigen Augen des großen Dirigenten sah.»

Unter Bruno Walter gab Menuhin sein Debüt in der Berliner Philharmonie. «Ein ergreifender Eindruck ernster Frühreife», erinnerte sich der Dirigent, «bei dem Albert Einstein von der vordersten Reihe des Saales aus mir durch Blicke sein Erstaunen und seine Begeisterung ausdrückte.» Und als der Dreizehnjährige Richard Strauss vorgestellt wurde, riet der ihm väterlich: «Nur essen, viel essen, das brauchen so schmächtige Buben.»

Und wie Mozart, so hielt auch Menuhin, was er als Wunderkind versprochen. Er blieb seiner Kunst treu, seinem Instrument und seinem Publikum. Ihnen dient er mit ganzem Herzen, ohne Pose, ohne Effekthascherei. «Ich bin mit Musik glücklich», sagt er, und dieses Glücksgefühl überträgt er auf alle, die ihm begegnen und zuhören.

# Baumeis Menuhin
## *Whole Tree Ice Cream Menuhin*

*3 Eigelb*
*1 dl Ahornsirup (Maple Syrup)*
*1 dl flüssiger Bienenhonig*
*¼ l Milch*
*¼ l Rahm (Sahne)*
*1 Prise Ingwerpulver*
*1 Prise Zimtpulver*
*30 g Mandeln, gehobelt*
*⅓ dl frischer Kaffee*
*30 g dunkle Blockschokolade, gerieben*
*1 Schuß dunkler Rum*

*Eigelbe, Ahornsirup und Bienenhonig schaumig schlagen.*

*Milch und Rahm mit Ingwer und Zimt aufkochen. Vom Feuer nehmen, nach und nach die schaumige Masse hineinrühren und alles bei reduzierter Hitze bis kurz vor dem Siedepunkt aufkochen.*

*Vom Feuer nehmen, restliche Zutaten untermischen und alles in eine Eisform geben. Abkühlen lassen und bedeckt ins Gefrierfach des Kühlschranks stellen. Zum Servieren die Form einige Sekunden in warmes Wasser eintauchen und dann umstürzen.*

*Ad libitum: Das Eis mit Ahornsirup übergießen.*

***Ausführungspraxis*** *Noch besser wird das Eis natürlich, wenn man die Masse in einer handgetriebenen oder elektrischen Eismaschine dreht.*

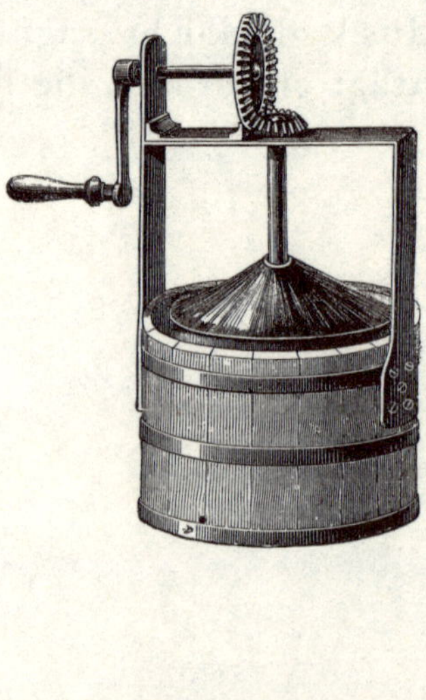

Es ist heute Mode, die Nase und, wenn es ginge, die Ohren zu rümpfen über die Unbekümmertheit, mit der Mitte des vergangenen Jahrhunderts französische Komponisten sich an geheiligte Güter der deutschen Literatur wagten. Massenet schrieb einen «Werther», Gounod eine «Margarethe» und *Ambroise Thomas* eine «Mignon». In der Tat ist in diesen Opern wenig zu spüren von der metaphysischen Emphase ihrer Vorlagen, der Werther- und Wilhelm-Meister-Romane Goethes, seiner Fausttragödie.

Man sollte aber nicht vergessen, daß die Kunstform Oper ihre eigenen Gesetze hat: da weht das hohe Pathos als Leimgeruch über die Rampe, da ist der Marmor aus Gips und die Poesie, wie Mozart forderte, «der Musik gehorsame Tochter». «Unnötigerweise hat man sich über das Wunderbare der Oper gequält», schrieb Johann Gottfried Herder, «wie Menschen an dergleichen Träumen der Un- und Übernatur Geschmack finden können. Sind wir im wirklichen Traum nicht ebensowohl in einer Zauberwelt? Und wie wahr sind uns die Träume! Darf's also keine Kunst geben, die uns mit den schönsten Träumen aufs Schönste und wachend vergnüge?»

Wir wollen deshalb Ambroise Thomas Gerechtigkeit widerfahren lassen: So wie selbst der ungleich dramatischere Verdi mit seinen gleichnamigen Opern die Bedeutungsschwere von Schillers «Don Carlos», von Shakespeares «Macbeth» nicht erreicht, darf man auch seine «Mignon» nicht mit der literarischen Elle messen. Sie ist ein «Drame lyrique» voll echter Erfindung und Empfindung, und darin die Romanze «Connais-tu le pays» ist in ihrer sehnsuchtsvollen Melancholie eine, ich wage das Wort, kongeniale Vertonung von Goethes «Kennst du das Land, wo die Zitronen blühn?».

Ambroise Thomas, der musikalische Präzeptor des Second Empire

# Mignon-Küchlein
## *Beignets Mignon*

*8 frische Aprikosen*
*250 g Zucker*
*4 dl Wasser*
*1 dl Curaçao*
*250 g Mehl*
*Salz*
*2 EL Pflanzenöl*
*2 Eigelb, leicht geschlagen*
*½ dl Milch*
*4 Eiweiß, steif geschlagen*
*Pflanzen- oder Fritierfett*
*Kirschwasser*
*Puderzucker*

*Sirup. In Kupfertopf Zucker im Wasser bei schwacher Hitze unter Rühren mit einem Spachtel auflösen. Den Sirup etwa 1 Minute bei schwacher Hitze kochen.*

*Aprikosen. Aprikosen enthäuten, halbieren und entsteinen. Im Sirup pochieren. Die Aprikosenhälften abtropfen lassen und etwa 2 Stunden im Curaçao marinieren.*

*Teig. Mehl in eine Schüssel passieren. In die Mitte 1 Prise Salz, Öl und Eigelbe geben, mit einem Holzlöffel nach außen ins Mehl arbeiten. Nach und nach lauwarme Milch zugießen, den Teig glatt und sämig rühren. 1 bis 2 Stunden an einem warmen Platz beiseite stellen. Zuletzt Eiweiße unterheben.*

*Die Aprikosenhälften abtropfen lassen und durch den Teig ziehen. In einem Fritiergerät oder auf einem Sieb ins heiße Pflanzen- oder Fritierfett hängen. Bei mittlerer Hitze (180° — Stufe 5 — 6) schwimmend goldbraun ausbacken. Küchlein kurz in Wasser tauchen und auf Küchenpapier entfetten. Mit Kirschwasser aromatisieren und mit Puderzucker bestreuen.*

***Ausführungspraxis*** *Aprikosen lassen sich leicht schälen, wenn man sie vorher kurz in heißes Wasser taucht und dann kalt abspült.*

*Man kann die gebackenen Küchlein im Ofen warm halten.*

Im Sommer 1894 schreibt *Johann Strauß* an einen Freund: «Um mich auf andere Gedanken zu bringen, da ich meinen Wasserkopf zu sehr in Anspruch nehme, widme ich meine Zeit nachmittags der Beschäftigung einer Köchin. Ich löse Erbsen aus den Hülsen, schneide die Spitzeln und Fäden an den Bohnen ab, zupfe die Beeren der Ribiseln in den Einsiedetopf.» Er ist also wohl würdig, diese Variationenreihe über Rezepte aus Musikerküchen mit einer Torten-Coda zu krönen, die so vielschichtig und süß und rosafarben ist wie seine (oh, es fällt schwer, das Attribut «unsterblich» wegzulassen!) Walzer.

Johann Strauß Sohn, der unumschränkte Herrscher im k. u. k. Reiche des Dreivierteltakts

Sie flogen ihm nur so zu, die Einfälle, wo er ging und stand. Überall, im geselligen Kreis, beim geliebten Tarockspiel, im Kutschwagen über Land, sah man ihn Noten auf ein Stück Papier kritzeln, und wenn keines zur Hand war, mußten die Manschetten herhalten. Am liebsten schuf der «Schani», wie ihn die Freunde nannten, in seinem eleganten Heim, die lange Pfeife im Mund, am Stehpult, oft die ganze Nacht. Frau Adele blickte zurück: «Sein Lächeln, sein schalkhaft blitzendes Auge, sein bezaubernder Humor übersonnten alle Nichtigkeiten des Alltags. Naiv wie ein Kind, war er doch ernst und bedacht in Fragen seiner Kunst, am glücklichsten in der Einsamkeit seines Studios und engster Häuslichkeit.»

«Den musikalischsten Schädel des Jahrhunderts» nannte ihn Richard Wagner, und auch der schwerblütige Brahms fühlte sich von ihm angezogen, von seiner sprudelnden Erfindung: «Der Mann trieft ja von Musik, dem fällt immer etwas ein!»

«Die beste Patisserie der Welt kommt aus Wien», sagte Fernand Point. Deshalb trägt dieses letzte Rezept den Namen des wienerischsten unter allen Wienern.

# Johann-Strauss-Torte

*10 Eigelb*
*500 g Zucker*
*1 ½ TL Vanille-Extrakt*
*225 g Mehl, gesiebt*
*8 Eiweiß, steif geschlagen*
*120 g Butter*
*½ l flüssiger Rahm (Sahne), eisgekühlt*
*3 EL Vanillezucker*
*5 EL Cognac*
*50 g Mandeln*
*75 g ganze Haselnußkerne*
*120 g dunkle Blockschokolade*
*½ TL starker Kaffee*
*rosa Pflanzenfarbstoff*

*Teig. In einer Schüssel mit dem Schneebesen 8 Eigelb mit 150 g Zucker schlagen, bis sie cremig sind. 1 TL Vanille-Extrakt und Mehl einrühren, Eiweiße behutsam unterheben. Die Teigmasse in eine tiefe gebutterte Springform gießen, im vorgeheizten Ofen bei mittlerer Hitze (180° — Stufe 4—5) 50 bis 60 Minuten backen. Noch heiß auf ein Küchengitter stürzen. Den abgekühlten Teig waagrecht in fünf gleich dicke Böden schneiden.*

*Rahm schlagen, bis er angedickt ist. Nach und nach Vanillezucker zugeben und beides sehr steif schlagen. Die fünf Böden mit Cognac beträufeln, vier davon mit dem Schlagrahm bestreichen. Alle Böden übereinanderschichten, den unbestrichenen zuletzt.*

*Praliné-Masse. In einem Topf 200 g Zucker, Mandeln und Haselnüsse unter ständigem Rühren kochen, bis der Zucker braun geschmolzen ist. Die Masse auf eine geölte Platte (Email, Stein o. dgl.) gießen, abkühlen und erhärten lassen. Sie mit dem Mörser zerstoßen.*

*Crèmes. In einem Topf 100 g Butter mit 150 g Zucker und 2 Eigelb verrühren.*

*Im Wasserbad Schokolade schmelzen und je ½ TL Kaffee und Vanille-Extrakt hineinrühren.*

*Die Butter- und die Schokoladecrème zusammenrühren und schlagen, bis sie glatt und sämig sind. Pralinémasse unterrühren. Die zusammengesetzte Crème kühlen, eine Hälfte mit Pflanzenfarbstoff rosa färben.*

*Die Oberfläche der Torte mit der ungefärbten, ihre Seiten mit der gefärbten Crème überziehen.*

*Verzierung (ad libitum). Wer will (und noch mag), kann die Torte mit einer Bordüre, einem Gitter, den Anfangstakten der «Schönen blauen Donau»*  *oder sonst einem musikalischen Motiv aus Schokoladenglasur verzieren: Schokolade und Zucker mischen. Ei hineinrühren und zerlassene Butter warm unterziehen. Die Crème in den Spritzbeutel füllen, Garnitur spritzen und trocknen lassen.*

***Ausführungspraxis*** *Wer fünf Tortenböden hat, kann die Böden gleichzeitig einzeln backen. Hierfür Formböden leicht buttern, mit Pergamentpapier auslegen und nochmal buttern. Backzeit etwa 25 Minuten.*

*Die Torte wird besser, wenn man sie vor dem Servieren einige Zeit in einem luftdicht verschlossenen Behälter gekühlt aufbewahrt.*

*Aufgeschnitten wird die Torte mit einem in heißes Wasser getauchten Messer.*

# Küchenlatein

**Ablöschen** angebratene Nahrungsmittel mit kalter oder warmer Flüssigkeit übergießen

**Abschäumen** nach dem Aufkochen den aufgestiegenen Schaum mit einer Kelle von der Oberfläche der Kochflüssigkeit abschöpfen

**Ad libitum** nach Belieben

**Anschwitzen** Nahrungsmittel in Fett leicht anrösten, ohne daß sie sich verfärben

**Binden (Flüssigkeiten)** aromatische Flüssigkeiten oder Saucen durch Einrühren von Speisestärke, Butter, Mehl und Butter, Eigelb oder Rahm sähmig machen (legieren)

**Binden (Geflügel)** Flügel, Schenkel und Rumpf des Geflügels mit Küchengarn so zusammenbinden (dressieren), daß sie beim Zubereiten nicht auseinanderfallen

**Blanchieren (Früchte und Gemüse)** vor dem Zubereiten kurz in kochendem Wasser abbrühen, gegebenenfalls kalt abspülen (erleichtert das Schälen und Enthäuten)

**Blanchieren (Innereien)** in Milch oder Wasser einlegen

**Bouquet garni** Kräuterbündel, mit Küchengarn, in einem Mullbeutel oder im Tee-Ei zusammengehalten; klassische Mischung: 3 Stengel Petersilie, 1 Zweiglein Thymian, 1 kleines Lorbeerblatt

**Butter, geklärte** aufgekochte Butter, die in einem hohen Gefäß erkaltet ist, damit sich Molke und Fett trennen

**Crème fraîche** leicht säuerlicher Doppelrahm (fetthaltige Sahne), wie er in Frankreich überall und so langsam auch bei uns erhältlich ist; kann manchmal durch sauren Rahm (s. d.) ersetzt werden

**Croûtons** in Butter geröstete Brotwürfel

**Dünsten** mit wenig Fett und, wenn nötig, etwas Flüssigkeit bei mäßiger Hitze zugedeckt im eigenen Saft garen

**Entfetten** das oben schwimmende Fett von Brühen und Bratensäften mit möglichst flachem Löffel abschöpfen; ist die Flüssigkeit erkaltet, kann das erstarrte Fett abgehoben werden

**Filetieren** vom Rückgrat des ausgenommenen und abgezogenen Fischs die Filets lösen

**Fischsud (Fumet)** ein aus Fischresten bereiteter Sud zum Kochen oder Dämpfen von Fisch:
500 g Fischgräten und -köpfe, 25 g gehackte Zwiebeln, 1/2 Stengel Petersilie in 1/2 l Wasser aufkochen und abschäumen; 15 Minuten simmern lassen, 1 dl trockenen Weißwein zugeben und nochmals 15 Minuten simmern lassen; 5 Minuten vor Ende der Garzeit 2 bis 3 weiße Pfefferkörner zugeben; Fischsud erkalten lassen, passieren und kühl stellen oder tiefkühlen. Ergibt 1/2 l

**Fond** Rückstand, der nach dem Braten von Fleisch, Fisch und Gemüse in der Pfanne bleibt; dient als Grundlage für Saucen

**Fumet** s. Fischsud

**Garziehen** in viel Flüssigkeit unter dem Siedepunkt garen

**Gemüse** es wird vorausgesetzt, daß alle Gemüse vor dem Zubereiten gut geputzt und, wenn nicht anders angegeben, gewaschen sind

**Gurken** entkernt man, indem man sie der Länge nach halbiert und das weiche Innere mit einem Teelöffel herausschöpft

**Marinieren** Fleisch, Wild oder Fisch in eine gewürzte Flüssigkeit (Beize) legen, damit sie mürbe und aromatisch werden

**Mehlschwitze** s. Roux

**Olivenöl** man verwende immer reines, kaltgepreßtes Olivenöl (Jungfernöl, Huile vierge, superfine, Olio vergine)

**Paprikaschoten** schält man, indem man sie auf der heißen Herdplatte oder auf dem Grill röstet, bis die Haut schwarz ist; in einem Tuch abkühlen lassen und Haut abziehen

entkernt man, indem man sie aufschneidet und die Samen mit einem Teelöffel herausschöpft; wer gerne scharf ißt, kann einige Kerne drinlassen

**Passieren** durch ein Sieb, Passiertuch oder Passevite (Passierstab) pressen, gießen oder drehen

**Pfeffer** man verwende, wenn nicht anders vermerkt, immer frisch gemahlenen Pfeffer aus der Mühle

**Pochieren** in heißem, aber nicht kochendem Sud (s. d.), Essigwasser oder sonst einer Flüssigkeit langsam garziehen

**Rahm (Sahne)** süßer Rahm wird mit der Zentrifuge von der Milch getrennt

saurer Rahm ist in Milchsäuregärung übergegangener Rahm

s. a. Crème fraîche

**Roux (Mehlschwitze)** Röstmischung aus Butter und Mehl zum Binden (s. d.) von Saucen

**Sahne** s. Rahm

**Sautieren** mit wenig Öl oder Fett kurz anbraten oder garen

**Schmoren** nach vorangehendem Anbraten mit wenig Flüssigkeit bei schwacher Hitze zugedeckt garen

**Simmern** in Flüssigkeit unter dem Siedepunkt bei nur schwacher Kräuselung der Oberfläche garen

**Sud** gewürzte Brühe, in der Fische, Fleisch, Gemüse usw. gekocht werden

**Suppengrün** Gemüsemischung aus 1 Karotte (Möhre), 1 Stange Lauch (Porree), 1 Stück Knollensellerie und etwas Selleriegrün

**Tomaten** schält man, indem man sie auf der Unterseite kreuzweise einschneidet und einige Sekunden in kochendes Wasser legt; die Haut läßt sich dann leicht abziehen

entkernt man, indem man die geschälten Früchte waagrecht halbiert und die Samen vorsichtig ausdrückt oder mit einem Teelöffel herausschöpft

**Trockentupfen** mit Küchenpapier oder zwischen zwei Tüchern von Hand sanft trocknen

**Warm halten** Speisen, Saucen und dgl. hält man warm, indem man sie nach Art der Drei-Sterne-Köche in ihrem Gefäß in einen größeren, mit Zeitungspapier ausgeschlagenen Topf stellt, der am Rand einer warmen Herdplatte steht

**Wasserbad (Bain-marie)** in einen großen Topf voll heißem Wasser ein kleines Gefäß stellen (evtl. auf einen durchlöcherten Einsatz), in dem empfindliche Saucen, Suppen und Speisen ohne direkte Hitze sanft gegart oder warm gehalten werden

# Rezeptverzeichnis

# Namen- und Sachregister

# *Weitere kulinarische Bücher aus dem Hallwag Verlag*

Louisette Bertholle
**Die geheimen Rezepte der besten Restaurants Frankreichs**
5. Auflage, 568 Seiten,
300 Abbildungen, 18 Karten.

Silbermedaille der Gastronomischen Akademie Deutschlands.

Spitzenköche Frankreichs veröffentlichen hier zum erstenmal ihre besten Rezepte.

*«Dies ist der schönste, perfekteste, exklusivste und feinste Kochband, den wir seit langem auf dem deutschsprachigen Kochbuchsektor finden konnten: ein Buch für Sammler, das jeder Bibliothek zur Ehre gereicht und das ein Gourmet, hat er es erst einmal in der Hand, nicht so schnell wieder hergeben wird.»*
*(«Annabelle»)*

*«Eine enorm appetitanregende Sammlung, bei deren Lektüre man geradezu riecht, wie die beschriebenen Gerichte duften. Der Band ist auch optisch geradezu kulinarisch aufgemacht.»*
*(«Münchner Merkur»)*

*«Ihr schönstes Aroma entfalten die von den Küchenchefs ausgeplauderten Kreationen — wahrhaft ‹erlesene› Speisen — zwischen den Seiten dieses Buches.»*
*(«Frankfurter Allgemeine Zeitung»)*

Marianne Kaltenbach
**Ächti Schwizer Chuchi**
5. Auflage, 520 Seiten,
über 500 Abbildungen.

Silbermedaille der Gastronomischen Akademie Deutschlands. Erster Preis des Comité national suisse du Grand Prix Guides touristiques.

Eine kulinarische Entdeckungsreise durch die vier Jahreszeiten zu schmackhaften, unverfälschten Schweizer Originalrezepten, garniert mit vielen volkskundlichen Informationen.

*«Prächtige Stiche wurden zur Illustration ausgewählt und machen diesen Band zu einem kleinen Kunstwerk.»*
*(«Berner Tagblatt»)*

*«Für Liebhaber originaler Schweizer Küche und Hobbyköche unumgänglich.»*
*(«Bilanz»)*

*«Ein Prachtband; aber den prachtvollen Band zu besitzen, zu lesen, die Zeichnungen anzuschauen, das verschafft schon fast soviel Vergnügen wie das Kochen oder gar Verspeisen der eidgenössischen Köstlichkeiten.»*
*(Süddeutscher Rundfunk, Stuttgart)*

*«Es ist ein Geschenk für Menschen, denen ein reizvoll gemachtes Buch ebensoviel Vergnügen bereitet wie eine gute Mahlzeit.»*
*(«Frankfurter Rundschau»)*

Horst Scharfenberg
**Die deutsche Küche**
668 Seiten, 372 Abbildungen.

Silbermedaille der Gastronomischen Akademie Deutschlands.

Die Qualitäten einer zu Unrecht verkannten Küche, dargestellt in einem liebevoll gestalteten Koch- und Lesebuch.

*«Insgesamt ist Scharfenbergs Rezeptsammlung eines der empfehlenswertesten Bücher über die deutsche Küche.»*
*(Süddeutscher Rundfunk, Bücherbar)*

*«Scharfenberg hat in dieser Hinsicht für die deutsche Küche Hervorragendes geleistet . . . . . . kulturgeschichtlich ein wahres Kompendium, das sich auch von dem, der selber nicht kochen kann, jedoch ein Liebhaber ist, gewinnbringend lesen läßt.»*
*(«NZZ»)*

*«Der Hallwag Verlag, Bern, bietet hier mit dem Buch von Horst Scharfenberg ‹Die deutsche Küche› ein wahres Meisterwerk sowohl an Rezepten als auch in der Gestaltung mit wunderschönen alten Stichen von Städten und mit Zeichnungen von Küchengeräten und Kücheninterieurs.»*
*(Frauenfunk, Saarländischer Rundfunk)*

Fritz Gfeller
**Emmentaler Küche**
Ein Rezeptbuch zu Gestalten und Geschichten von Jeremias Gotthelf.
Mit Zeichnungen von René Bürki.
4. Auflage, 112 Seiten mit etwa 50 Zeichnungen.

*«Fritz Gfellers ‹Emmentaler Küche› macht Spaß, nicht nur gastronomischen, sondern eben auch kochgeschichtlichen und kultursoziologischen.»*
*(«Neue Zürcher Zeitung»)*

*«Das Kochkunstbuch ist vom Kunstmaler René Bürki reich illustriert worden. Versteckter Schalk spricht aus diesen Bildern, und man schmunzelt ob der Figuren, bevor man sich in den nicht minder originellen Text vertieft.»*
*(«Berner Zeitung»)*

*«Die ‹Emmentaler Küche› enthält Spezialitäten so währschaft, wie sie im Emmental immer gepflegt wurden, und so delikat, daß jeder Feinschmecker seine Freude daran hat.»*
*(«Tages-Anzeiger», Zürich)*

Raymond Thuilier

**Die geheimen Rezepte des Herrn Thuilier –**
*oder Essen wie Gott in Frankreich*
228 Seiten, 80 Abbildungen.

Einer der ganz großen französischen Köche gibt in diesem hübschen Geschenkband Beispiele seiner Kunst.

*«Thuiliers Kochbuch, mit alten Zeichnungen hübsch illustriert, hat es in sich. Denn es enthält eine Fülle leckerer Gerichte von natürlicher Einfachheit, die bei einigen Kochkenntnissen unschwer zubereitet werden können.»*
*(«Tages-Anzeiger», Zürich)*

*«Mit alten Stichen und Illustrationen reizvoll dekoriert, ist das Buch schon zum Lesen und Ansehen ein Genuß.»*
*(«Der Tagesspiegel», Berlin)*

Quentin Crewe

**Speisen international**
Ein Hallwag-Taschenführer
268 Seiten, reich illustriert, 8 Karten.

Kulinarische Spezialitäten von Ländern der ganzen Welt, Reiseführer und Menüberater in einem Band.

*«Quentin Crewe, ein namhafter Restaurantkritiker, vermittelt hier seine Erfahrungen, die er in kulinarischer Hinsicht rund um den Globus gemacht hat.»*
*(Österreichischer Rundfunk)*

*«Alle Länder dieser Erde, alphabetisch nach Regionen, kulinarisch erfaßt. ‹Speisen international› ist eine Art Dictionnaire, der dem Benützer enträtselt, was er zu gewärtigen hat, wenn er auf der Menükarte exotisch Klingendes sichtet.»*
*(«Bilanz», Zürich)*